마르크스의 생명정치학

Marx et la Loi travail: Le corps biopolitique du *Capital*
by Jacques Bidet

마르크스의 생명정치학

푸코와 함께 마르크스를

자크 비데 지음

배세진 옮김

오월의봄

옮긴이 일러두기

모든 대괄호 〔 〕는 본문 내용의 이해를 돕기 위해
옮긴이가 보충 설명한 부분이다.

차례

일러두기 — 7

들어가며
푸코가 제기한 질문에서부터 마르크스를 다시 읽기 — 9

서론 — 27

1장 근대 노동자의 세 가지 신체 — 41

2장 죽을 수밖에 없는 신체와 법률적 신체,
사회적 신체와 고유한 신체 — 63

3장 국민적 신체, 젠더화된 신체, 외국인의 신체 — 93

한국어판 후기
노동, 가치 그리고 잉여-가치에 대한 논쟁
: 일곱 개의 전선과 마주한 《마르크스의 생명정치학》 — 111

옮긴이 후기
마르크스를 위하여 푸코를 읽자 — 155

※카를 마르크스의 저작(인용과 약호)

원서에서는 마르크스의《정치경제학 비판요강Grundrisse der Kritik der politischen Ökonomie》(Berlin: Verlag, 1974)을 인용하며 "Grundrisse"라는 약호를 사용했다〔이 책에서는 "비판요강"으로 옮겼다〕. 원서에서 참조한 프랑스어 번역본은《1857~1858 원고, 정치경제학 비판요강Manuscrit de 1857-1858, "Grundrisse"》(전 2권, Paris: Éditions sociales, 1980, 2011년 2판 출간)으로, "Mss 57-58"라는 약호를 사용했다(1판과 2판 사이의 쪽수 대조를 위해서는 2판의 7쪽을 참조).

또한 원서에서 인용한《자본Das Kapital》은 독일어판《마르크스 엥겔스 저작집Marx-Engels-Werke》(Verlag)의 23권에 해당하여 "MEW 23"이라는 약호를 사용했다〔이 책에서도 "MEW 23"으로 표시했다〕. 원서에서 참조한 프랑스어 번역본은 1872년 조제프 루아Joseph Roy가 번역한, 그리고 마르크스가 전체를 감수한《자본Le Capital》(전 8책, Éditions sociales, 1948-1960)으로, 이 프랑스어 번역본 1책의 경우, "Cap1"로 표시했다. 이 책의 한 장만을 참조할 경우, 우선 조제프 루아 번역본의 장 번호를 표시하고 괄호 안에는 장-피에르 르페브르Jean-Pierre Lefebvre가 독일어 4판에 따라 번역한 판본의 장 번호를 표시했다(르페브르의 번역본 1판은 1983년에 출간되었으며 완전 개정판인 2판은 2016년에 출간되었다)〔이 책에서는 옮긴이가 독자들의 편의를 위해 많은 경우 장 번호 앞에 편 번호 또한 강신준이 번역한 판본(도서출판 길)을 기준으로 삼아 기입했다〕.*

---

* 여기에서 말하는《자본》은 모두《자본》1권이다. 이 책에서 저자는《자본》1권만을 논의 대상으로 삼았다. 그리고 이 마르크스의 저작에 대한 인용과 약호 설명은 옮긴이가 한국 독자들을 고려해 번역을 조금 바꾸고 설명을 일부 추가했다.-옮긴이

푸코가 제기한 질문에서부터 마르크스를 다시 읽기

'생명정치'는 그 말의 정의로써 정치와 생명 사이의 관계를 형성한다.◆ 이는 바로 우리가 앞으로 세심히 검토할《자본》1권 3편의 그 유명한 10장(8장) '노동일'에서 볼 수 있는 바이다. 물론 이러한 관념은 진부해 보일 수 있다. **최소한 표면적으로,** 정치는 우리 각자 모두의 신체적이고 사회적인 존재를 보존하려는 요구에 응답한다. 이를 통해 정치는 좋은 삶의 조건을 보장하는 능력이라고 정당화된다. 푸코는 '생명정치'라고 명명한 개념에서, 18세기 이래 인구통계학과 공중보건, 사회적 예방, 사회적 정상성 등의 목표들을 체계적으로 전담하는 것을 핵심으로 하는 하나의 국가-정치적 실천을 특정했다. 생명 보호를 위해 필요한 것은 더 이상 정당하고 합법적인 폭력, 즉 죽게 할 수 있는 권리의 독점만이 아니다. 국가는 사회의 생물학

◆ biopolitique 즉 '생명정치', politique 즉 '정치', économie 즉 '경제'는 모두 '생명정치학', '정치학', '경제학'으로도 번역 가능하다. 가독성을 고려해 몇몇 경우 '학'을 생략하되, 생략할 경우 읽기에 다소 어색하거나 의미가 제대로 전달되지 않을 경우에는 괄호를 활용해 '학'을 추가하도록 했다. 독자들은 '경제', '정치', '생명정치'라는 단어를 접할 때 이 점을 유의하기 바란다.-옮긴이

적 조직tissu 안으로 직접적으로 개입해 들어온다. 국가는 생명의 행위자가 된다.◆ 하지만 국가는 생명에 대한 이러한 장악력을 가지게 되자마자, 또한 생명을 조작할 수 있는 능력도 지니게 된다. 이때부터 권력과 사회적 지배의 새로운 수단들이 끊임없이 등장한다. 그리고 이 수단들이 무엇으로 구성되어 있느냐는 문제, 국가이든 계급이든 어떠한 행위자들 사이에서 이 수단들이 어떻게 분배되느냐는 문제가 남게 된다.

마르크스에게 푸코의 것과 유사한 '생명정치(학)'가 존재한다는 주장은 자의적으로 보일 수 있다. 분명 《자본》은 노동력 관리에서 국가가 떠맡는 중심 역할을 강조한다. 하지만 《자본》은 경제적 메커니즘과 그 경향에 대한 분석을 직접적 대상으로 한다. 이 책은 생명에 대한 관리를 명시적으로 다루지는 않으며, 대신 부의 생산과 이윤을 다룬다.

그렇지만, 정확히 말해 마르크스의 이론에서 '부'das Reichtum는 상품적 가치가 아니며 마르크스가 **가치**라고 지시하는 것 또한 아니다. 마르크스의 이론에서 '부'는 바로 **사용가치**이며, 이는 그 자체로 수학화할 수 있는 추상적 **유용성**이 전혀 아니다. 사용가치는 사물의 **활용**, 그러니까 사물들이 인격들personnes의 (분리할 수 없이 신체적인 동시에 사회적인) **생명**과 맺는 관계에 대한 것이다. 그리고 이 사용가치의 생산은 그 자체

◆ 프랑스어 vie는 '삶' 또는 '생명'으로 맥락에 따라 자연스럽게 번역한다. 따라서 두 단어가 동일한 단어의 번역어라는 점을 인지하고 이 책을 독해한다면 좋을 것이다. 또한 프랑스어 droit 역시 '법'과 '권리'라는 의미를 모두 포함한다. 문맥에 따라 번역하되, 대부분 '권리'로 번역했으며 '법권리'로 옮긴 곳도 있다.-옮긴이

로 고유한 신체, 즉 살아 있는 노동력의 **활용**이다. 생명의 결정 요소들은—노동-하는-신체, 지출dépense과 소비consommation, 재생산, 성적 차이화, 그리고 자기의 활용과 자기를 위협하는 죽음의 그 독특한 내용 속에서—마르크스의 이론을 구성하는 개념들의 조직tissu 속에 기입되어 있으며, 마르크스 이론의 대상 그 자체를 규정한다. 마르크스는 가치와 잉여가치에 관한 이론을 구축하는데, 이 이론에는 노동이 가진 생명력을 지출하는 기능을 하는, 그리고 (노동의 생명력에서 이윤을 뽑아내는) 사회적 권력에 의해 그것을 소비하는 기능을 하는 그러한 생명이 내포되어 있다. 그러므로, 하나의 경제학을 산출해냄에도, 이 이론은 모든 경제주의적 해석을 넘어선다. 앞으로 우리가 보게 되겠지만, 마르크스의 이론은 **완성**되지 않았고, '노동일'—**노동 강도intensité**와 결합된 계급투쟁의 쟁점인 **노동기간durée**은 노동력의 지출과 소비의 내용을 규정하며, 동시에 이 노동기간은 더 좋거나 더 나쁜, 더 지속 가능하거나 덜 지속 가능한, 더 취약하거나 덜 취약한 **생명**의 지표를 구성한다—에 관한 설명 속에서만 그 유효범위 전체와 그 완전한 인식 가능성 안에서 개념적으로 정식화된다. 바로 이러한 자본주의적 사회관계 안에, 상품들에 대한 생산—이러한 생산을 통해 상품들은 가치를 부여받는다—의 구성적 조건이 존재하는 것이다. 따라서 가치는 하나의 국가적 질서를 정의하는 사적이고 공적인 제도들을 함의하는 경제-**정치적** 용어들〔조건들〕 내에서 정의된다. 경제적 관계는 곧 법률-정치적인 것으로 가득차게 되는데, 여기에서 '권리에 반하는 권리'는 생명을 장악할 권리(살아 있는 신체를 구매한 이〔즉 자본가〕가 요구하는 권리로서의)에 반하는 생명에 대한 권리를 의미하게 된다. 마르크스적 가치 개념은 자본주의적 생명정치의 존재를 드러낸다.

또 하나의 정치(학)

여기에서 더 멀리 나아가 마르크스의 정치는 생명정치에 속한다고 주장해야 한다. 또는, **《자본》에 하나의 정치가 존재한다면, 이는 《자본》에 하나의 생명정치가 존재하기 때문**이라고 주장해야 한다. 내 생각에 이 생명정치의 축은 《자본》 1권 3편의 10장(8장), 즉 우리가 이 책에서 자세히 분석할 '노동일'이라는 적지 않은 분량의 장이다. 이 생명정치의 축은 '노동일' 장 6절의 용어들을 따르자면, **정상** 노동일Normalarbeitstag을 위한 기나긴 투쟁의 끝에 도달한 공장 노동의 **법제화** **Fabrikgesetzgebung**, 즉 공장 입법에 관한 연대기에서 정점에 이른다. 노동조합의 싸움은, 보편선거권에 관한 법률의 상관항과 다름없는 하나의 **법**〔즉 노동시간에 관한 법〕으로 그 결론이 이어지는(마르크스는 이 점을 강조한다) 정치적 **투쟁**으로 인식된다. 보편선거권에 관한 법과 노동시간에 관한 법은 모두 사회 자체에 대한 법이며, 지배계급의 지배에 한계를 지음으로써 지배계급 자체에 대해 법률적 강제를 행사한다. '노동의 권리'의 시작점인 이 노동시간에 관한 법은, 이 법이 표준, 즉 자연적 질서라고 인정하기를 거부하는 '자유 시장'과 적대적 관계를 맺고 있다.◆ 이 법은 또 다른 표준, 그러니까 인간적 생명을 존중하는 '정상적 삶', '정상적' 노동일이라는 다른 표준에 기초한 또 다른 합법성을 도입한다.

이미 알다시피 마르크스의 정치는 〔내가 보기에는 사람들에 의해〕 정당하게도 그 진정한 결론으로 간주되는 《자본》 1권 32장〔강신준 번역의 길판 기준으로는 24장의 7절 '자본주의적 축적의 역사적 경향'〕의 끝에서 언급된 하나의 용어를 향해 나아간다. 그렇지만 그 정식화는 여전히 수수께끼로 남아 있다. 노동자들에 의해 행해지는 자본가들에 대한 수탈expropriation은, 각자가 생산수단에 대한 "공동 점유"Gemeinbesitz에 기반해 각자의 생존 조건을 전유함으로써, 사적 소유das Privateigentum가 아니라 "자본주의적 시대로부터 획득한 바"에 기반한 "개인적 소유"das individuelle Eigentum를 향해 접근할 수 있도록 할 것이다(MEW 23/791). (마르크스의 이론적 적수이던 막스 슈티르너Max Stirner의 표현을 다시 취하자면) '유일자와 그 소유〔고유성〕'propriété로서의 개인을 **극도로in extremis** 작용jeu의 중심에 다시 위치시키는—그리고 이러한 위치 짓기는 우리가 자본주의와의 관계를 청산하는 순간, 사회주의라는 책을 반쯤 펼치는 순간에 행해진

◆ norme는 '표준'으로, normal은 '표준적'으로 통일해 번역했지만, 맥락에 따라 '기준'이나 '정상' 혹은 '규범'으로 옮긴 곳도 있음을 밝힌다.-옮긴이

다—이러한 마르크스의 마지막 명제는 호기심 많은 다양한 주석가들의 관심을 촉발했다. 마르크스의 초기 저술들부터 그의 인간학 내의 어떠한 연속성이, 그러니까 인간에 대한 유물론적 철학이, 마르크스 스스로가 말하는 소위 그 자연주의가 존재한다고 주장하는 이들은 바로 여기에서 자신들의 주장에 대한 논거를 확실히 발견할 수 있을 것이다. 만일《자본》1권에서 제시된 설명들에 의거한다면, 이 '획득물들' 전체 가운데 첫 번째 것이자 체계적 취급의 대상이 되는 유일한 것은, 내가 보기에는 다름 아니라 '정상적 삶'의 기준에 조응하는 법적 노동시간이다.

이는 노동일의 법제화에 관한 마르크스의 이러한 거대서사가, 도래할 공산주의가 앞으로 거쳐갈 과정에서 단순한 **예비단계**에 머물지는 않음을 의미한다. 노동일의 법제화는 '부정의 부정'이라는 주기cycle를 여는데, 표면적으로 보자면 이 주기를 통해 자본주의의 종말이 도래하게 된다. 노동력으로서의 신체는 임노동자에 의해 일시적으로 판매의 대상이 되고, 자본가에 의해 구매의 대상이 되며, 이 신체는 개인의 재산처럼 개인이 소유하고 활용할 수 있는 것이 되어버린다. 그런데 **법적** 노동일은 이러한 관계를 실현케 하는 기능을 지니고 있지 않다. 법적 노동일은 자본주의의 **기능적인** 제도가 아니다. 법적 노동일은 자본주의에 적대적이다. 법적 노동일은 임노동자가 자기 고유의 신체에서 무엇인가quelque chose를 되찾을 수 있게 해주는 수단으로서 그 재전유의 첫 번째 계기이다. 왜냐하면 '생산수단에 대한 사적 소유'는 또한 노동에 관여된 신체의 전유이기도 하기 때문이다. 그리고 노동시간의 법적 제한은 (사물과 신체 모두를 대상으로 하는) 이러한 전체적globale 소유—이 전체적 소유는 자본주의를 정의하는데, 노동시간의 법적 제한은 노동자의 신체를 마모시키고 남용할 수 있는 (자본주의가 가진) 어떤 권리를 부정한다—에 대한 제한으로써 개입하기 때문이다. 물론 이는 하나의 시작에 불과하다. 하지만 이 시작은 이미 '혁명'의 과정 내에 기입되어 있다. 오늘날 우리가 깨닫게 된 것은 (식민지-노예제적 자본주의에서 항상-이미 이러한 역전이 일어났듯) 이 하나의 시작이 세력 관계가 역전되자마자 부정되어버린다는 점이다. 신자유주의의 커져가는 지배력과 함께, 노동일의 제한이 또다시 희미해져가고 있다. 무제한적 시간의 재택 노동으로 변형된 IT 노동, 규정된 시간보다는 규정된 과업에 따라 맺는 노동 계약 등과 같이 말이다. 결국 이는 신체의 소진과, 이전에는 하나의 시공간에 모였던 주체들의 분산을 의미한다 (예전에 이 시공간 위에서 주체들은 어떠한 집합적 통제력을 가지고 있었다). 만일 이것이 하나의 '반-혁명'contre-révolution이라면, 이는 노동일을 법적으로 제한했던 과정이 자체로 혁명적 본성을 지니고 있었기 때문이다. 사실 '혁명'은 이 '혁명'이 (시장의 '자연법칙'에 대한 표현으로 주어지는) '자본주의적 합법성'에 가하는 공격을 통해서만 전진할 수 있다. 이러한 의미에서, 생산과 소비에 관련된, 자기의 활용 및 자기의 본성에 대한 활용에 관련된 모든 아래로부터의d'en bas 투쟁은 하나의 동일한 혁명적 과정—자본주의 논리에 대립하면서 동시에 이 논리를 담지하는 역량들에도 대립하는 과정—의 일부를 이룬다.◆ 따라서 자본가들은 '시장의 법칙'에 대한 모든 위반을 자연에 반하는 자의적이고 **독재적인** 것으로 비난할 완벽한 근거를 가지고 있다. 왜냐하면 정확히 바로 이것이 '프롤레타리아 독재'이기 때문이다. 이 '프롤레타리아 독재'란 상품적이라고 가정된 이 질서의 인정을 거부하고, 이 질서를 도구화하는 사회적 힘들에 맞서 또 다른 질서를 강제하는 능력을 취하는 것이다. 결국 마르크스의 정치는 위로부터의d'en haut 명령에 반대하며 아래로부터의 민주주의적 독재를 요청하는 생명정치에 뿌리내리고 있다.

개인적 주체와 계급관계

이러한 정치는 아래에 있는 이들이 인민 공통체commun du peuple의 눈에 합당해 보이는 삶의 기준들을 보편화하는 데 성공할 경우에만 스스로의 희망을 실현할 수 있다. 그리고 이러한

◆ '아래로부터'는 d'en bas를 옮긴 것이고, '위로부터'는 d'en haut를 번역한 것이다. 일상에서도 사용되는 어휘이긴 하지만 본문에서 저자는 '아래로부터', 즉 '인민으로부터'와 '위로부터', 즉 '소유자로부터'를 체계적으로 대비시키고 있다는 점을 기억하자. 그리고 여기에서 법칙은 loi를 옮긴 것으로, '시장의 법칙'은 '시장의 법', '자연법칙'은 '자연법'으로도 옮길 수 있다.-옮긴이

정치투쟁에서 서로 대립하는 계급들 간의 세력 관계가 어떠한지의 문제, 계급들이 소유하고 활용하는 전략적 자원이 어떠한지의 문제는 여전히 남는다.

스스로 촉발하는 저항 없이 권력은 존재하지 않는다는 점을 강조하는 푸코는 최소한 자신의 이론적 저술에서는 위로부터의 생명정치에 대한 분석에 집중했다. 이와 대조적으로 계급투쟁을 자신의 연구 프로그램으로 취한 마르크스는 생명정치를 아래로부터도, 그러니까 생명에 대한 긍정affirmation으로도 접근한다. 유명론적 인간학에 준거하고 있는 푸코는 작용 속에 놓여 있는 생명〔내기의 판돈 혹은 쟁점으로 걸려 있는 생명la vie en jeu〕으로서의 개인성이란 어떠한지 드러나도록 만든다는 측면에서는 마르크스보다 더 나은 위치에 서 있는 것으로 보인다. 반면 마르크스의 강점은 계급관계—'노동력 시장'이 형성하는 간개인적 관계는 바로 이 계급관계에서만, 이데올로기라는 여과기를 거쳐 출현하게 된다—라는 **본질** 속에서 사회 질서를 해독할 줄 알았다는 점이라고 우리는 생각할 수도 있다. 하지만, 이는 나의 저서《마르크스와 함께 푸코를Foucault avec Marx》에서 내가 보여주고자 했던 최소한의 내용인데, 푸코와 마르크스의 이러한 대립이 근거가 별로 없는 것이라고, 또한 푸코의 질문들 특히 계급들 사이의 대립이 독특한 인격들personnes singulières 사이에서가 아니라면 절대로 실현되지 않는다는 푸코의 관념에서 출발해 마르크스의 이론적 작업장으로 되돌아옴으로써 더욱 많은 것을 배울 수 있다고 우리는 생각해야 한다. 그런데 바로 정확히 시장과 자본 사이의 '이중 절합'double articulation 내에서 이해할 수 있도록 주어지는 바가 마르크스적 분석의 중핵을 이룬다. 자본주의적 착취는 사회적 신체를 다음과 같이 둘로 쪼개는데, 한쪽에는 자신들의 노동이 잉여 없이, 기껏해야 '정상적 삶'의 조건 내에서 겨우 재생산되는 이들이 있고, 다른 한쪽에는 잉여의 강탈을 통해 생산적 소유에 대한 독점〔권〕을 부여하는 이들이 있다. 하지만 자본의 **계급적** 메커니즘은 **간개인적** 관계로서만(상품적 주체는 이 관계에 따라 다른 이가 구매하고 활용하는 자신의 노동력을 판매한다) 존재하는 **상품적** 관계에 노동자를 포함시킴으로써만 이러한 효과를 생산한다는 점을 우리는 지적할 수 있다. 그런데 이 '다른 이'(즉 '타자')는 항상 '개인적'이다. 심지어 이 '다른 이'가 집단 주주제actionnariat de masse의 중심이나 복잡한 위계의 중심에서 움직인다고 할지라도 말이다. 피수탈자와 마찬가지로 수탈자는 항상 독특한 존재이다. 왜냐하면 독특하지 않은 존재란 존재하지 않기 때문이다. 자, 바로 이 지점이 그 모든 결과 속에서 고찰되어야 하는 마르크스적 구축의 본질적 고리이다.

마르크스는 자신이 '노동의 분할'〔즉 분업〕의 두 가지 양태modalités라고 이해한 바에서 출발해 근대사회를 분석한다. 첫 번째 양태는 그가 발견한 **시장**의 질서라는 것이고, 두 번째 양태는 그가 매뉴팩처와 공장의 **조직**에서, 기업 그 자체 내에서 식별해낸 것이다. 다른 용어로 표현하자면, 우리는 근대적 계급-**관계**rapport를 **두 가지** 계급-**요인**facteurs으로 이해해야만 한다. 이 두 가지 계급-요인은 마르크스가 《비판요강》에서 두 가지 합리적 매개Vermittlungen, 즉 시장과 조직이라고 지시한 것으로서, 개별individuels 생산자들을 서로 연결해준다. 이 두 계급-요인은 개인-간-**관계들**relations을 구성하며, 근대사회에서 바로 이 관계의 결합이 계급-간-**관계**rapport를 정의한다.◆ 실제로 임노동제 관계에서 시장의 간개인적 관계(우리는 우리 노동력을 구매자, 즉 소유자로서의 자본가에게 판매한다)와 조직의 간개인적 관계(우리는 이러한 힘을 기업 내에 존재하는 권위autorité 밑에 위치시키는데, 이 힘은 바로 역량compétence을 부여받은 관리자directeur의 힘이다)는 교차한다. 만일 그렇다면, 알튀세르가 언급하는 "복종하라"soumets-toi는 자본가가 대표하는 시장의 권력과 관리자manager가 형상화하는 조직의 권위, 이 양자 모두에 종속되도록 만드는 것이다. 이는 소유하는 이에 대한 존중과 역량 있는 이에 대한 존중이다. 또한 (사회적으로 강탈되어 축적된) 소유에 대한 존중임과 동시에 (사회적으로 부여받아 수용된) 역량에 대한 존중이다. 이는 상대적 공생관계 속에서 재생산되는 권력의 두 가지 특권인데, 그러나 각 특권은 그 고유의 규칙과

◆ '개인 간' 혹은 '간개인적' 관계에서 '관계'는 relation을, '계급 간' 혹은 '계급적' 관계에서 '관계'는 rapport를 옮긴 것이다. 한국어로는 동일하게 '관계'로 번역되는 프랑스어 rapport(구체적 관계)와 relation(추상적 관계) 사이의 뉘앙스 차이를 통해 비데는 개인적 관계와 계급적 관계를 체계적으로 구분하고 있다. 즉 '관계'로 동일하게 옮겨짐에도 그 원어가 서로 다름을 인지할 필요가 있다.-옮긴이

실행 조건에 따른다. 마르크스는 전자를 이론화했으며, 푸코는 마르크스와는 다른 방식으로, 하지만 매우 생산적인 방식으로 후자를 탐구했다.

이 두 매개 사이의 통일은, 두 매개가 우리의 공통 이성notre raison commune의 기초적인 두 형태를 구성한다는 점과 관련되어 있다. 공통 이성은 우리가 근대성을 '이성의 도구화'instrumentalisation de la raison로 표상할 때에만 이해 가능하다. 이때 이 '이성의 도구화'는 이성의 지배가 아니라 오히려 그 역이다. 동시에 이는 공통 이성의 비호하에 위치하는 주장prétention인 **이성의 주장prétention de la raison**이 교통적 통치gouvernement communicationnel의 구성화constitutionnalisation 속에서 입증될 수 있다고 가정되는데supposément, 이 교통적 통치 속에서 하나의 목소리가 하나의 목소리로서 가치를 지님으로써 모든 목소리들이 각각 목소리로서 자신의 가치를 지니게 되며, 교통적 통치 속에서 사회는 스스로를 전체적으로 조정se coordonne함으로써 시장적이고 조직적인 과정을 규제한다. 그리고 **이성의 도구화**. 사실 우리는 (최소한 가정적으로는censément) 정치공동체에서 우리의 공통적 삶의 공동 목표들을 설정하는 수단인 담론의 무매개성〔직접성〕immédiateté을 넘어, 이 목표들을 이 두 가지 매개라는 수단을 통해서만 효율적으로 실현할 수 있다. 하지만 이 두 가지 매개는 항상-이미 근대적 계급**관계** 속에서 수렴하는 소유propriété와 역량compétence이라는 두 가지 특권에 종속된 계급적 요인들로 도구화된다. 결국 계급들이 존재하고 있는 것이며, 이 계급의 존재 자체가 구조화하는structurant '합리적' 요인인 것이다.

호명과 그 경계들

그러므로 이성의 도구화는 기술technique의 물화적chosiste 명령에 의해 미스터리한 방식으로 우리에게 닥쳐오는, (아도르노와 호르크하이머의 개념인) '도구적 이성'에 의한 권력 취하기로 이해되어서는 안 된다. 이성의 도구화는 '우리의 공통 이성'notre raison commune인 이 **공통된** 사물과 관련된 것이다. 그리고 '생산력 발전'의 규정된 어느 한 단계에서 산출되는 테크놀로지적 소외는 그 구조적 메커니즘에 대한 분석이 가능한 사회적 박탈dépossession sociale로 이해되어야 한다. 바로 그렇기 때문에 '호명'interpellation은 이편과 저편에서 속삭임이 들리는 "복종하라"는 명령으로 환원될 수 없다. 이성이라는 역사적 사실로서 호명은 그 메타구조적métastructurelle 내용에서 "저항하라!"는 명령을 항상 상관항으로 지니고 있다.◆ 만일 그렇다면, 이는 (피상적인 독해에 따라) 푸코에게서 그러해 보이듯 저항이 '인간 본성' 내에 기입되어 있기 때문만은 아니다. 최소한 마르크스가 머무르고자 한 지점은 이러한 인간학적인 일반성이 전혀 아니

◆ "복종하라"는 soumets-toi를 옮긴 것으로, 이는 알튀세르의 글 〈이데올로기와 이데올로기적 국가장치들〉에 등장하는 정식이며, 저자가 이와 대립시킨 "저항하라"라는 정식은 '일어나 맞섬'을 의미하는 dresse-toi를 옮긴 것이다.-옮긴이

다. 마르크스의 역사유물론은 테크놀로지와 제도 이외에 사회적 주체들과 그 간주체성의 역사성 위에도 기초해 있기 때문이다. 바로 그렇기 때문에, 임노동제적 관계의 정의라는 결정적 계기에서(2편 6장〔4장〕), 마르크스는 임노동제를 **자유로운** 인간에 대한 착취라고 해석하기 위해 헤겔에 실정적으로 준거할 수 있는 것이다.◆ 만일 이것이 올바르게 정립된 이론 내에서 마르크스에게 가능한 것이라면, 만일 그러한 언표가 그 한계 내에서 정당한 것이라면, 이는 마르크스가 자신의 담론의 시작점 commencement에서부터, 그러니까 《자본》 1권 1편의 1장에서부터, 근대성의 핵심인 하나의 원초적 호명, 상품생산관계 내에서 **자유롭고 평등하며 합리적인**(마르크스는 이 자유롭고 평등하며 합리적이라는 것이 '현대적 편견'〔즉 현대성이 부당하게 전제하는 바〕이라고 강조한다) 것으로 서로를 인지하는/스스로를 인지하는 se reconnaître 것으로 가정된 개인들간의 원초적 호명을 식별해냈기 때문이다. 《자본》 1권 1편의 2장에서, 마르크스는 그 파생물을 (우리 자신의 손으로 만들어낸 물신으로서 순수하게 상품적인 질서에 대한 자발적 복종으로 이해되는) 물신숭배라는 정초적 '공통 행위'로 그가 지시하는 것을 통해 보여준다. 《자본》 1권 2편의 6장에서, 임노동제 관계 속에서 상기되는 것은 바로 자유-평등의 원초적 호명이다. 그러나 이 지점에서 우리는 이러한 자유-평등의 원초적 호명이 계급관계의 조건 내에서만, 다

◆ 비록 《자본》의 연구 대상은 아니었지만, 마르크스는 자본주의가 자본주의적 대도시 내의 '자유로운' 임노동제의 상관항(주변부의 식민지가 중심부 국민-국가의 상관항이라는 의미에서)으로서의 식민지 노예제 속에서도 마찬가지로 꽃을 피운다는 점을 잊지 않았다.

시 말해 '임노동제 질서에 복종하라'(왜냐하면 이 질서는 너의 자유를 위한 질서이니까)와 이 '복종하라'에 반해 '저항하라'(왜냐하면 이 '저항하라'는 '복종하라'가 부정하는 자유를 선언하니까) 사이의 모호한 분열 내에서만 개입한다는 점을 이해할 수 있게 된다. 이는 하나의 동일한 공통된 공적 담론—이 공적 담론을 통해 우리는 서로를 자유롭고 평등하며 합리적이라고 선언하는데, 이제 이로부터 공적으로 탈출하는 것은 더 이상 가능하지 않게 된다—의 중심에서 전개되는 지배자와 피지배자 사이의 계급적 쟁론différend이다. 이러한 호명은 개인에게만 관련되는데, 왜냐하면 이 개인들만이 '호명될' 수 있으며, 물론 이들이 자신들의 목소리를 하나로 모을 수는 있지만, 어쨌든 이 개인들만이 스스로를/서로를 호명하기 때문이다. 하지만 이제 우리는 이 호명이 지배계급의 두 가지 극pôles에서부터 들려야[이해되어야] 한다는 사실로 나아가야만 한다.

일차적 수준에서, 근대 노동자의 이러한 자유는 이 노동자가 '자신의 주인을 바꿀' 수 있다는 점과 관련된다. 하지만 이 주인이라는 형상이, 비록 이 형상이 동일한 하나의 인격일 수는 있겠지만, 그럼에도 소유에 의한 주인과 조직에 의한 주인으로 이중화된 형상임을 지적해야 한다. 소유와 조직은 두 가지 간개인적 관계들인데, 이 관계들은 서로 포개어짐으로써만 존재할 수 있다. 고용주employeur를 바꿀 수 있다는 노동자의 상품적 자유—이 자유의 폭이 상당히 넓다는 것은 물론 사실이지만—는 관리자manager가 이 노동자에 대해 가지는 소유와 활용의 능력을 제한한다. 노동자의 이러한 상품적 자유가 지니는 법률-정치적 전제들은 이 노동자에게 자신의 상품화에 저항하기 위한 목적으로 다른 이들과 연합할 수 있는 능력을 부여한다. 물론 여기에서 나는 더욱 세심한 검토를 위한 이론적 예비단계만을(하지만 이 예비 단계는 내가 볼 때 이 주제를 생생하게 다루기 위해, 그러니까 모순적이고 변증법적인 하나의 복잡한 사회적 구체성을 다루기 위해 필수적으로 요구된다) 개진하고 있을 뿐이다.

호명은 〔시장이라는〕 하나의 매개와 〔조직이라는〕 다른 매개에서 전혀 다른 본성을 지닌다. 시장의 편에서 호명은 〔잠재적으로〕 가능한 **탈출**의 언표로 제한된다. 넌 자유로워. 난 너를 붙잡아두지 않아. 왜냐하면 너를 붙잡아둘 수 없으니까. 조직의 편에서, 호명은 명령으로 변형됨으로써만 존재할 수 있다. 하지만 이 명령은 그것이 합리성rationalité과 이성raison의 특정한 정당성을 표현할 때에만 유효하다. 따라서 조직적 매개médiation는 담론의 무매개성immédiation으로 인해 이 담론의 고유한 위험 속으로 진입하게 된다. 만일 진정으로 두 개의 계급이 존재한다면, 그중 한 계급이 다른 계급에 대해 지배적인 그런 두 개의 계급이 존재한다면, 구체적 계급투쟁의 작용으로서의 정치적 작용은 항상 삼원적 형태를 지닌다. 아래에 있는 이들〔즉 인민〕에게, 관리자-역량자compétents-dirigeants는 (이들이 헤게

모니화된다는 조건에서) 자본가들과는 달리 항상 잠재적 〔계급 동맹의〕 파트너이기도 하다. 게다가 해방을 위한 그들의 기획은 근본적이고 급진적인 민주화의 비호 아래, 그러니까 조직이 통제〔장악〕maîtriser해야 하는 매개들에 대한 무매개성의 우위라는 비호 아래, 공통의 **조직**이라는 조건 속에서만 사고될 수 있다. 바로 이 지점에서부터만 우리는, 구별되면서도 동일한 하나의 지배계급으로 스스로를 구성하는, 자본가와 관리자-역량자라는 두 사회적 힘들에 맞서는 **인민이라는 계급**〔즉 근본계급〕이 행하는 정치적 투쟁의 복잡성으로 진입할 수 있다.◆

우리는 여기에서 전개될 분석의 장champ이 그 나르시시즘적 자기 관계 내에서 고찰된 국민-국가라는 '추상적' 한계에 머물러 있음을 파악할 수 있을 것이다. 이러한 의미에서, 이 책에서 제시하는 연구 프로그램에 이어지게 될 것은 바로 (메타구조적 전제하에서는 이해될 수 없는) 세계-체계Système-monde에 대한 연구이다. 전쟁의 폭력과 같은 '체계적' 폭력은 계급적인 '구조적' 폭력과는 다른 성격을 지니고 있다. 최소한 이러한 '체계적' 폭력 내에서 '호명'은 더 이상 유효하지 않다. 그렇지만 우리가 알다시피 '체계적' 폭력과 '구조적' 폭력이라는 이 두 가지 폭력은 충돌 없이 함께 존재할 수 있으며, 서로가 서로의 영향력을 배가시킨다. 이는 프롤레타리아 인민의 착취당하는 신체

◆ 바로 이것이 나의 최근 저서《'그들'과 '우리'?: 좌파 포퓰리즘에 대한 하나의 대안'Eux' et 'Nous'?: Une alternative au populisme de gauche》(Paris: Kimé, 2018)에서 다루는 대상이다. 이 저서의 연장선상에서 나는《인민의 정치(학): 무페 이후의 마르크스Une politique du peuple: Marx après Mouffe》라는 제목의 책을 집필하고 있다.

가 탁월한 총알받이로 선택되는 지구 전체에서 일상이나 다름없이 발생하는 비대칭적인 무장 갈등의 공식적 폭력성 속에서뿐만 아니라, 또한 오늘날의 거대도시인 중심부의 세계-도시나 (경찰의 폭력이 최하층 프롤레타리아의 자연적 존재 조건이기까지 한) 주변부의 빈민촌에서도 마찬가지이다. 이것이 바로 근대적 신체와 주체의 체계-구조적 운명이다.◆◆

또한 바로 이것이 이 책이 다루고자 하는 '노동일'에 관한 마르크스의 저술에서 예고되는 것이기도 하다. 마르크스가 행한 생명정치적 탐구는, 그 가치를 상품에 부여한다고 가정되는 '노동력의 지출'에 관한 추상적 고찰에서 출발하는 사변이 예상하는 바 전체를 뛰어넘는다. '노동일'에 관한 마르크스의 설명은 결론에 이르기까지 논리적으로 전개된다. 바로 이 설명에서 우리는 노동력이 **인간의 신체corps humain**라는 점을 발견한다. 하나의 정신-신체. 하나의 정치적-신체. 죽을 수밖에 없는 신체.

◆◆ 하지만 사람들은 이 책에서 성적인 사회관계들과 이 관계들이 정의하는 제약과 호명의 작용에 대해서는 거의 혹은 그 무엇도 설명되지 않았다는 점을 눈치챌 것이다. 《세계-국가 L'État-monde》의 5장 〈계급, 인종, 성〉에서 나는 이 질문이 어떤 점에서 메타구조적 문제 설정을 비껴가며, 그럼에도 이 메타구조적 문제 설정이 어떤 점에서 이 질문과 관계되는지 설명하고자 시도했다.

《자본》의 결정적인 한 장에서 마르크스는 노동자운동의 등장을 역사에 기입하는, 시민들의 거대한 사회적 전투를 분석한다. 이는 바로 1840~1850년 무렵 영국에서 갑작스레 폭발했던, 노동시간을 제한하는 법을 제정하기 위한 영국 노동자들의 투쟁이었다. 마르크스라는 이름의 이 철학자는 파업 중인 노동자들이 사용한 단어들 자체, 자신의 개념과 밀접히 연결되어 있는 이 단어들 자체를 가지고 자신의 철학을 이론화한다. 노동조합은 **10시간 노동법안**Bill des 10 heures과 보편선거권을 위한 **헌장**Charte이라는 바로 이 지점에서 정치적인 것과 조우한다. 이 10시간 노동법안과 보편선거권을 위한 헌장은 서로 공명한다고 마르크스는 말한다. 이는 '정상적'normale 삶에 대한 권리를 우리가 가지고 있는지 아닌지, 그리고 누가 '정상적' 삶을 위한 공통의 법을 만들 것인지 확인하는 문제이다. 1847년 공포된 10시간 노동법은 1848년 5월 1일부터 적용되기 시작한다. 하지만 지난 4월 8일 케닝턴 공원Kennington Common에서 이미 8,000여 명의 군인과 4,000여 명의 경찰에 맞서 수십만 명의 시위자들을 집결시켰던 차티스트chartiste 운동은 거의 200만 명의 서명을 받아냈던 청원 운동의 성과에도 불구하고 스스로의 패배를 인정해야 했다. 같은 시기 프랑스에서는 1848년 혁명이 보편선거권과 노예제 폐지, 하루 10시간 노동 이 세 가지를 단숨에 하나로 엮어냈다. 겨우 몇 달 동안 이루어진 하나의 경험이자 실험이었다. 하지만 이 모든 전투로부터 하나의 새로운 전선, 즉 노동의 권리droit du travail라는 전선이 탄생했다.

역사는 반복되지 않는다. 이 노동의 권리라는 전선의 탄생 이후 인민은 계속 새로운 권리들을 획득해냈다. 하지만 생산과 교환의 거대한 수단들이 자본가들의 손아귀에 들어간 그 오랜 세월만큼이나, 노동자들의 예속은 자본가들의 실천적인 지혜의 원리이자 유토피아적인 지평으로 남게 되었다. 신자유주의는 세계 곳곳에서, 그리고 특히 유럽에서, 노동의 권리를 이윤의 편의에 환원시켜버리는 여러 새로운 법제화에 영감을 불어넣고 있다. 하지만 오늘날 여러 전선에서 진행 중인 투쟁에서 우리가 목도하듯, 신자유주의는 이러한 새로운 법제화의 논리에 포섭되지 않는 대중운동의 저항에 맞닥뜨리고 있다.✦ 생산의 테크놀로지와 지식, 그리고 그 수준의 비약적 발전과 함께, 우리가 이미 사라져버렸다고 믿어왔던 '노동자계급' 또한 그 규모가 크게 증가해 대중운동의 선두에 서 있다. 그리고 이전의 거대 산업체를 넘어 오늘날 대립의 울타리를 형성하고 있는 '공장'fabrique은 생산과 교환의 체계로서 국가 전체의 수준에서 존재한다. 이 '공장'을 굴러가게 만드는 노동자들은 자신들이 어떤 조건 속에서 노동할 것이며 어떤 목적으로 노동할 것인지 요구할 수 있는 권리를 스스로에게/서로에게 인정〔인지〕하고 있다. 이 노동자들의 투쟁은 그 직접적 결과가 어떠한 것이든 상관없이 우리의 미래를 위한 지표들이다.

이것은 이미 마르크스가 분석했던 최초의 대중투쟁이 취하는 사회적이고 정치적인 논리이다. 그러니 마르크스의 《자본》으로 돌아가자. 그리고 마르크스에게 그가 가지고 있는 진리가 도대체 무엇인지 표현해달라고 요구함으로써 《자본》을 분석의 시험대에 올려놓도록 하자. 이 진리의 한계는 도대체 무엇인지 또한 탐구해보면서 말이다. 바로 이 지점에서 노동시간이라는 질문은 이 노동시간이 경제적 효율성과 맺는 관계 내에서뿐만 아니라 또한 체험된 삶 그리고 정치적 대립과 맺는 그 관계 속에서도 중심적 위치를 차지하고 있다. 결국 자신의 고유한 방식으로 마르크스는 **노동의 생명정치(학)**를 정식화하고 있는 것이다.

◆ 나는 프랑스의 사회당 정부가 추진했던, 임노동자에 대한 고용을 더욱 '신축적'flexible으로, 그러니까 더욱 불안정précaire하게 만들고자 했던 신자유주의적 개혁—다른 나라들에서 제정되고 공포된 많은 **노동 법안들jobs acts**과 유사한 '노동법'loi travail—에 맞서 거대한 규모의 프랑스 사회운동이 저항했던 시기에 이 서문을 집필했다. 동시에, 세계 곳곳의 다양한 거대도시에서 전개된 **'점령하라' 운동들**의 유산을 상속받은 **깨어 있는 밤Nuit debout** 운동은 다양한 사회 계층들과 세대들—이들 각각이 지니는 정서에서뿐만 아니라 각각의 시간성 리듬에서도 서로 다른—을 하나로 연합하게 만드는 이 저항의 물결이 매우 복합적인 성격을 지님을 보여준다.

'잉여가치'에 관한 장들에서 임노동 관계와 착취에 대한 본인의 이론을 설명한 뒤, 마르크스는 자신의 이론에 그 모든 의미를 부여해주는 '노동일'이라는 개념으로 즉시 나아간다. 우리가 앞으로 보게 되겠지만, '노동일'이라는 개념은 마르크스 가치론의 진정한 완성을 구성하는, 동시에 **노동하는 삶la vie au travail**에 관한 하나의 정치이론을 정식화하는 본질적인 발견이다. 마르크스는 계급 대립 내에서 노동의 법제화를 위해 유효한 조건이 어떻게 등장하게 되는지 검토한다. 마르크스는 가장 원초적이면서도 가장 중요한 질문, 즉 "우리가 맺은 계약은 도대체 무엇인가?", 우리는 일만 하다 죽게 되는 〔'정상적 삶'이 불가능한〕 그러한 계약을 맺은 것인가 아니면 '정상적 삶'에 대한 계약을 맺은 것인가라는 질문을 제기하는 노동자들의 목소리를 우리가 들을 수 있게 만든다. 그리고 〔마르크스에 따르면〕 발언하기 위해 일어선 노동자들은 다음과 같은 결론을 내린다. "권리와 권리가 충돌할 때, 결정하는 것은 바로 힘이다." 하지만 그럼에도 이것이 권리에 대한 질문을 배제하는 것은 전혀 아니다. 왜냐하면 이 권리를 위해 노동자들이 투쟁하는 것이기 때문이다. 이 투쟁은 바로 의회가 공포했으며 국가 제도들이 보증하는 노동에 대한 **법제화**를 위한 것이다.

따라서 나는 하늘에서 내려오는 호명이나 무의식 속 깊은 어딘가에서 행해지는 호명이 아니라, 뼈와 살을 지닌 호명자, 파업 중인 런던 석공들의 잠재적 대변인이라는 호명자의 호명이 연극 장면처럼 극적 이야기 톤을 띠는 마르크스의 결정적 지적에 집중하면서 《자본》을 독해하고자 한다. 이 호명자가 우리에게 환기시키는 것, 결국 노동자를 죽음에 이르게 하는 계약이라는 점에서 스스로 명기하고 있는 내용을 사실로 인정하고 싶어하지 않아 진실을 어둠 속에 남겨놓기에 진정한 계약이라 볼 수 없는 그 〔거짓된〕 계약의 밤으로부터 이 호명자가 밝혀내는 것, 그것은 바로 꽃다운 청춘의 나이에 노동으로 인한 때 이른 소진 끝에 맞이하는 노동자의 죽음에 대한 선고이다. 사람들은 내가 이 지점에서 두 명의 거대한 증인, 그러니까 호명의 증인인 알튀세르♦와 생명정치의 증인인 푸코♦♦를 소환할 수 있다는 점을 이해할 것이다. 따라서 나의 작업은 '신체', 그러니까 노동하는 신체corps au travail가 정치 공간 내 계급 대립과 맺는 관계에서 차지하는 개념적 위치로부터 출발해 《자본》을 다시 읽는 것을 핵심으로 한다.

만일 이 책이 어떠한 현재성을 가진다면, 이는 이 책이 상황에 맞는 〔정세적 성격의〕 글이기 때문이 아니라,♦♦♦ 동시대 현대사회 연구라는 더욱 넓은 틀 내에 이 작업이 〔이론적으로〕 기입된다는 점 때문일 것이다. 물론 이 책은 하나의 정치적 목표를 지니고 있다. 하지만 이는 '마르크스의 정치(학)'에 대한

♦ 〈이데올로기와 이데올로기적 국가장치들Idéologie et appareils idéologiques d'État〉(*Sur la reproduction*, Paris: PUF, 1995, pp.269-314)을 보라〔한국어판: 루이 알튀세르, 《재생산에 대하여》, 김웅권 옮김, 동문선, 2007〕.

♦♦ 푸코에게 이 생명정치라는 용어는 신체에 행사되는 규율권력의 관점에서뿐만 아니라 '인구' 그 자체에 행사되는 권력의 관점에서 생명을 대상으로 하는 근대적 정치권력을 가리키는 것이다.

분석, 그러니까 '경제(학)에 대한 비판'과 한 몸을 이루는 (삶에 대한 정치로서의) 생명정치(학)로 스스로를 표방하는 그러한 분석을 통해 만들어진 정치적 목표이다. 이 책은 경제학, 정치학, 사회학, 법학, 역사학 사이의 관계를, 이 학문들이 그토록 논쟁적인 '노동-가치'에서부터 (우리가 앞으로 검토할 예의 그 '법적' 토론의 대상이 되는) '노동법'에 이르는 주제들과 맺는 관계를 그 대상으로 한다. 그런 점에서 이 책은《자본》전체에 대한 하나의 설명이라는 의미에서가 아니라《자본》이라는 저작의 개념적 짜임을 이해하기 위한 하나의 접근법이라는 의미에서《자본》의 독해를 위한 하나의 입문이다. 바로 이 개념적 짜임 때문에 나는 마르크스의 글과의 **철학적** 만남을 위한 노력을, 마르크스 텍스트의 독일어 판본과 프랑스어 판본 사이의 지속적 비교를 위한 노력을 쏟아야 했던 것이다. 하지만 알다시피 문헌학은 질문을 제기하는 이들이 살고 있는 세계에 대한 질문에만 답해줄 수 있을 뿐이다. 그래서 이 책은《자본》에 대한 다양한 접근들에 대립해 논쟁해야 한다는 자기만의 의무를 지니고 있다. 하지만 그렇다고 해서 이 책이 마르크스에 대한 비판을 행하지 않는 것은 아니다. 이 책은 마르크스의 기획이 지니는 한계들 또한 인식하고자 노력한다.

'과학적' 설명에서 역사에 대한 광대한 묘사fresque에 이

◆◆◆ 게다가 웹진 '시간의 연속: 헤겔, 마르크스, 프로이트 Consecutio Temporum: Hegeliana, Marxiana Freudiana'(5호, 2013년 10월)에 이 책의 최초 판본이 이탈리아어로 이미 실리기까지 했으니 말이다. 더욱 넓게 보자면, 이 책에서 내가 당연히 의지하지 않을 수 없는 내 이전 작업들에 근거할 것이라는 점에서도 이 책이 아마 상황에 맞는 글은 아닐 것이다.

르는, 논쟁에서 일화적 예증에 이르는, 이토록 다양한 마르크스의 글쓰기들의 집합으로 구성된 특수한 연구인 《자본》에서 우리는 노동자가 기계의 부속품으로 통합된다는 사실과 '인간의 살'에 대한 교역을 맹렬히 비판하는 몇몇 단편들에서부터 시작할 수밖에 없을 것이다. 자유인과 노예, 남성, 여성과 아동, 이주자와 방랑자로 구성된 노동자들 전체에 행사되는 폭력을 다루는 《자본》 1권의 몇몇 페이지들은 여전히 놀라운 현재성을 지닌다. 마르크스는 여러 차원에서 자신의 이론을 작동시킨다. 마르크스는 공장 감독관들 혹은 노팅엄Nottingham의 노동자들에 관한 글을 썼던 존 웨이드John Wade 같은 '부르주아 경제학자들'이 기술했던 바를 논의에 가져오기도 한다. "기아로 인해 살이 쏙 빠져 노동자들은 뼈만 남은 상태로 전락하고, 그들의 신체는 오그라들었으며, 그래서 그들의 얼굴 윤곽이 너무 두드러져 누가 누구인지 알아보기 힘들 정도가 된다. 노동자들의 존재 전체가 보기만 해도 오싹함을 일으킬 만큼 마비 상태 속에서 굳어져버린다……"(MEW 23/258, Cap 1/239) 이는 오늘날 우리가 인도의 벵골 혹은 멕시코의 하청 노동자들에게서 발견하는 바와 동일하다. 여기에서 마르크스는 "노동자의 분 단위 시간을 슬쩍함"(MEW 23/257, Cap 1/238)으로써 하루의 노동시간을 늘리는, 그리고 노동자의 모든 땀구멍을 기계의 리듬에 따라 채워넣는 그러한 실천들을 우리에게 상기시키고 있다. 특히 노동자의 모든 땀구멍을 기계의 리듬에 따라 채워넣는 실천은 조립 공정 노동의 바로 전 단계에서 등장하는 것으로, 신자유주의적 성격의 기업이 채택하는 스트레스 가득한 현재의 장치들dispositifs을 예고하는 것이다. 마르크스는 이 장치들을 로마나 신대륙의 노예제처럼 '가장 저발전된' 형태들에서부터 이미 존재하고 있는 '자본의 본성'으로 이해된 자본주의의 피비린내 나는 지평 속으로 옮겨놓는다. 마르크스는 셰익스피어를 인용해 다음과 같이 묘사한다. 샤일록은 이렇게 말했다. "내게 필요한 것은 살이오. 계약 서류에 그렇게 쓰여 있잖소."(《베니스의 상인》, 4막, 1장, 250-241절, MEW 23/304, Cap 1/281)

또한 우리는《자본》1권의 마지막 편인 7편 '자본의 축적 과정'의 24장인 '이른바 본원적 축적'을 최초의 지표로 삼을 수도 있을 것이다. '이른바 본원적 축적'은 생산자들, 즉 노동자들을 생산수단에서 떼어놓기 위해, 그리고 특히 무엇보다도 농민들을 자신의 경작지에서 떼어놓기 위해 필수적이던 전쟁에 가까운 폭력을 묘사한다. 결국 이는 노동자 혹은 농민을 죽이는 장치로서의 교수대에 비유될 수 있는 하나의 생명정치였던 것이다. 바로 이 생명정치로 인해 자본주의에 필수적인 '규율'이 피에르 부르디외의 개념을 취하자면 하비투스habitus가 될 정도까지 강제되었던 것이라고 마르크스는 강조한다(Cap 3/178).

게다가 우리는 마르크스가 《자본》 1권 7편의 25장(23장)에서 제시하는 자본주의적 축적의 메커니즘과 이 자본주의적 축적에 고유한 '인구법칙'의 메커니즘에 관한 유명한 분석을 정당하게도 그 시작점으로 삼을 수 있을 것이다.◆ 자본은 자신의 필요와 비교해 잉여적인 이 '상대적 과잉인구의 생산' 속에서 자본 자신이 그 테크놀로지 변화의 리듬에 따라 활용하고 버릴 수 있는 '산업예비군'을 발견한다. 이는 곧 다양한 정도의 궁핍으로 인해 죽어가는, 그리고 그 생존이 한편으론 임노동제가 아닌 다른 사회적 관계들에 의존하고 있는 일회용 노동자들 전체를 의미한다. 마르크스의 분석에 따르면, 자본 자신은 임노동자들의 재생산을 책임질 의무를 지니지 않는다. 반대로 자본은 가능한 가장 낮은 수준의 임금을 지속적으로 보증하고 이를 통해 이윤의 극대화를 추구하는 논리만을 따른다. 마르크스에 따르면 우리는 자본주의를 자신이 활용하는 노동력과 동시에 그 생산수단을 재생산함으로써 영속적으로 존재하는 하나의 사회구조로 이해해서는 안 된다. 자본주의는 자기 자신의 생명력〔즉 노동력〕을 길어 올림puise과 동시에 더 이상 이윤을 획득하는 데 도움이 되지 않는 순간 바로 이 생명력을 쓰레기처럼 내다버리는 장소인 (생명이 살아 숨쉬는) 자연환경에 기생하는 기생식물처럼 발전한다. 자본주의는 이전의 '생명 형태들'을 없애버리거나 이를 자기를 위해서만 활용한다. 이는 산업생산체 중심의 주위 전체에서 뛰고 있는 생명정치의 맥박이다.

◆ 이 주제에 관해서는 기욤 시베르탱-블랑Guillaume Sibertin-Blanc의 탁월한 논문 〈자본의 인구법칙, 국가의 생명정치, 계급정치의 타율성La loi de population du capital, biopolitique d'État, hétéronomie de la politique de classe〉(프랑크 피슈바흐Franck Fischbach, 《마르크스의 《자본》을 다시 읽자Marx. Relire Le *Capital*》, PUF, 2009)을 보라. 특히 시베르탱-블랑은 이러한 생명정치적 과정에서 국가의 결정적 역할을, 그리고 이 과정이 노동자계급의 중심에서 확립하는 노동 분할을 강조한다.

다시 말해 이는 시장의 추상적 법칙이 아니라 국가장치들이 실행하는 하나의 진정한 정치인 것이다. 이는 지금까지도 끊임없이 진실이라고 확인되고 있는 마르크스의 묘사이다.

하지만 만일 우리가 마르크스적 **생명정치(학)**의 발명(이 표현은 자신의 의미를 본문에서 조금씩 조금씩 드러내게 될 것이다)과 이러한 발명이 생성하는 이론적 혁명의 진가를 평가하고자 한다면, 내가 보기에 우리는 마르크스가 그 최초의 추상에서 이해한 '자본주의적 생산양식'의 형태로 지시한 구조적 형태에서 출발해 이 발명으로 접근해나가야 하며, 또한 그 개념적 전개 전체, 그러니까 경제적이고 정치적인 개념적 전개 전체 속에서 이 발명을 사고해야 한다.

마르크스는 그가 《자본》의 1판 서문에서 '근대적인 것'(혹은 '부르주아적인 것', 혹은 그에 따르면 '자본주의적인 것')이라 지시했던 바로서의 사회에 대한 하나의 이론을 생산하고자 하거나, 최소한 이를 위한 이론적 연구에 기여하고자 한다. 마르크스는 자신의 위대한 저작 《자본》을 더욱 거대한 하나의 구축물, 자신이 예고했던 여러 권의 '책들' 전체가 구성하는 형태로 생산되는 구축물의 중심에 존재하는 하나의 요소로 간주했다. 이러한 마르크스의 이론은 경제적, 정치적, 문화적, 생태적인 차원들을 모두 통합한다는 점에서, 사회적 현실의 그 다양한 면들을 결합하는 개념들을 주조해낸다는 점에서, '아날학파'적 의미에서 **'전체사'histoire totale**라는 기획에 속한다. 그리고 이와 동일하게 마르크스의 이론은 인류사라는 동시대적 의미에서의 '세계사'histoire globale에 대한 기여에도 속하는 것이다. 이렇게 마르크스는 '장기 지속'longue durée적인 다양한 관점들, 다양한 역사성들을 시야에서 놓치지 않고 있었다. 더욱 구체적으로 말해, 마르크스는 신체의 현재성이 취하는 다양한 양식들modes과 관계 맺고 있는 **신체의** 다양한 **역사성들**을 시야에서 놓치지 않았다.

생명정치(학)적임과 동시에 경제(학)적인 **신체의 사회사**라는 기획은, 전통적으로 '노동-가치'라는 개념으로 지칭되어온 마르크스 이론의 최초 개념 속에 이미 예고되어 있었다. 하지만 '노동-가치'라는 이러한 명명은 상당히 부적절한 것이다. 노동-가치가 지시하는 바는 노동 자체가 하나의 가치를 소유함을 의미하지 않고, **가치**가 **노동**에서 출발해 정의됨을 의미한다. 더 정확히 말해 상품생산의 조건 내에 존재하는 노동-하는-신체corps-au-travail로부터 정의된다는 점을 의미하는 것이다. 만일 상품의 가치가 ([우리 논의에서] 아직 정의되지 않은, 그러니까 앞으로 정의되어야 할 조건 속에서) '노동력의 지출'과 관계 있다면(마르크스는 "인간의 뇌, 근육, 신경 그리고 손의 생산적 지출"이라고 더욱 명료히 표현한다. MEW/58), 경제적 문제는 즉각 '신체적' 관점 아래에서 제시된다. 바로 이 지점이 마르크스가 《자본》 1권 1편 1장의 두 번째 절부터 자랑하는 자신의 발견, 즉 노동의 이중적 특징이라는 발견이 놓여 있는 곳이다. 노동의 이중적 특징 중 첫 번째 특징은 노동이 특수한 테크닉을 통해 특수한 사용가치를 생산한다는 의미에서 '구체적'이라는 특징이다. 두 번째 특징은 어떠한 사용가치를 생산하는 노동이든지 노동이 항상 노동력의 지출을 함의한다는 의미에서 '추상적'이라는 특징이다. 마르크스는 1859년의 《정치경제학 비판을 위하여: 1분책》에 기대어 "바로 내가 〔이 1859년의 저서에서〕 최초로 상품 내에 표상된 노동의 이 이중적 특징을 강조했다"고 썼다.

내가 '비판요강적'이라고 지칭하는 그러한 해석, 즉 오늘날 철학자들에게 지배적 경향으로 자리 잡은, 《비판요강》에서 출발해 《자본》을 독해하는 해석은 '생리학적'이라고 가정하는 이러한 물物, chose의 의미를 약화하는 경향을 지닌다. 이런 해석에 따르면 상품에 대한 마르크스적 이론은 본질적으로 화폐에서 출발해 이해되어야 하는 것이다. 추상(화)은 화폐가 그 매개자 역할을 하는 교환 내에서 드러난다.✦ 그리고 화폐에 대한 이러한 추상(화)은 이미 자본에 대한 추상(화)을 그 맹아로 지니고 있다. 이때부터, '추상적 노동'이라는 통념notion은 소외된 관계, 의미의 상실, 사용가치의 부정이라는 본질적 의미를 지니게 된다. 바로 이 지점에 마르크스의 이론적 결론을 둘러싼 중대한 혼동이 존재한다. 다시 말해, '추상적 노동'의 가치라는 **가치에 대한 추상(화)은** (해석자들에 따라 어느 정도는) 추상적 부로서의 **잉여가치에 대한 추상(화)**과 유비할 수 있다고 간주되는 것이다. 이렇게 시장의 논리는 자본의 논리와 혼동된다.

✦ '추상(화)'은 abstraction을 옮긴 것이다. 이 어휘에는 '추상화', '추상물', '추상작용'이라는 의미가 모두 들어 있다.-옮긴이

이러한 '비판요강적' 독해의 맥락에서, 그 사회-자연적인 사실성factualité 내의 노동-하는-신체는 마르크스가 매뉴팩처와 대공업이라는 고유하게 자본주의적인 현상들에 접근할 때에만 등장하게 된다. 노동-하는-신체는 최초의 개념적 중핵에서 사라져버린다. 이는 마르크스의 이론적 장치 전체를 약화하고 진부한 것으로 만들어버린다.

사실 '가치' 개념의 '생명정치적' 내용은 우리가 마르크스의 설명에서 **추상화의 세 가지 수준**, 혹은 이와 동일한 것이지만, **역사성의 세 가지 수준**을 구분할 때에만 이해될 수 있다. 나는 이 추상화 혹은 역사성의 세 가지 수준을 L1, 즉 **노동 일반**의 수준, 그리고 L2, 즉 **상품생산** 그 자체의 수준, 마지막으로 L3, 즉 **자본주의적 상품생산** 고유의 수준으로 지칭한다.◆◆

1장의 목표는 《자본》이라는 저작의 철학자-주석가들이 너무나도 자주 잘못 인식해온 이 L1, L2, L3라는 **세 가지 수준들**에 대한 정의를 제시하는 것이다. 특히 1장은 L2라는 개념, 즉 '상품생산' 일반에 집중하는데, 이 L2가 아니라면 우리가 신자유주의적 상품화에 대한 비판과 '사회주의' 사회에 대한 탐구의 길 위에서 전혀 앞으로 나아갈 수 없기 때문이다. 이 L2에 대한 개념을 통해서만 2장에서 세 번째 수준, 즉 자본주의 자체의 수준에서만 나타날 수 있는 생명정치적 차원을 이 두 번째 수준과의 내재적 관계에서 이해할 수 있을 것이다. 이로부터 3장에서 나는 마르크스의 분석이 가진 불명확한 한계들을, 마르

◆◆ 원문에는 '수준'을 뜻하는 프랑스어 niveau에 따라 N1, N2, N3로 되어 있지만 번역본에서는 독자들의 편의를 위해 영어 level을 적용해 L1, L2, L3로 표기한다.-옮긴이

크스의 분석이 아직 탐구되지 않은 것, 아직 정복되지 않은 것으로 남겨놓은 경계들이 드러나도록 만들기 위한 시도를 행할 것이다.

1장

근대 노동자의 세 가지 신체

'가치' 개념의 '생명정치적' 내용은, 내가 여기에서 L1, L2, L3라는 적절한 방식으로 부르는 **추상화의 세 가지 수준** 혹은 **역사성의 세 가지 수준**을 구분할 때에만 이해할 수 있다.

마르크스가 《자본》에서 제시한 분석은 **생산 일반**, 즉 '노동 일반'의 수준인 L1을 정의하는 하나의 전제를 가정한다. 이러한 인간학적인〔인류학적인〕 혹은 '유적인'générique 고찰은 《자본》이라는 저작 전체에서 일면적으로만, 그러니까 연속적으로 이어지는 단편들로서만, 자본주의적 생산양식을 자신의 특수한 대상으로 지니는 설명의 필요에 따라서만 등장한다.

실제로 마르크스는 〔생산 일반의 논리가 아니라〕 **상품생산**의 논리, 즉 그 자체로 광대한 역사적 시기에 걸쳐 있는 L2를 정의함으로써 자신의 논의를 시작하는데, 사실 바로 이것이 《자본》 1권 1편의 목표이다.

하지만 사실을 말하자면 마르크스는 (특정한 방식으로) **자본주의적 생산**, 즉 《자본》 1권 나머지 전체의 대상인 L3를 지배하는 상품 논리만을 기술한다.

《자본》을 독해할 때 우리가 맞닥뜨리게 되는 주요한 난점 중 하나는, 이 다양한 개념들을 가지고 우리가 행할 수 있는 정당한 활용을 이 다양한 개념들 사이의 개념적 위계가 지배하고 있음에도, 마르크스가 여기에서 제시하는 '자본주의적 생산양식'에 대한 분석을 위해서뿐만 아니라 그의 궁극적 목표인 계급투쟁과 해방의 관점에서도 이 개념적 위계를 명확히 파악하기란 전혀 쉽지 않다는 것이다. 이러한 난점은 이 개념적 위계가 마르크스의 설명에서 제시되는 설명 순서와 일치하지 않는다는 점에서 더욱 해결하기 어려워진다.

1. L1: 노동-하는-신체 일반 (생산 일반)

마르크스의 논의에는 역사인류학의 포스트-다윈적 의미의 '인간학적'〔혹은 '인류학적'〕 소여로서의 '노동 일반'이라는 역사성이 분명 존재한다.◆ 인간에 대해 우리가 이미 알고 있는 바에 따라, 여러 다양한 시대에서 우리는 '노동'이라는 실천의 한 유형을 관찰하게 된다. 그리고 '노동'의 합리성이란 바로 최소한의 시간 안에 사용가치를 생산하는 것이며, 이때 시간은 **노동력 지출**의 시간이라 이해된다. 구석기 시대의 어부, 신석기 시대의 원예가, 방적공, 석공, 그리고 컴퓨터를 만지는 기술자는 모두 그 어떠한 무용한 동작도 행하지 않는다. 이러한 '노동의 신체적 시간'은 모든 이에게 존재한다. 비록 노동을 하면서 우리가 신을 숭배하거나 갓난아이를 돌보거나 라디오를 듣거나 하는 다른 활동들을 하기도 하지만 말이다. 우리가 노동을 할 때, 항상 우리는 때 이른 지출로 노동력이 소진되지 않도록 우리 노력을 조절하고 노동의 '지출'을 최소화한다. 어떤 의미에서는 바로 여기가 마르크스의 출발점이다. 이러한 의미에서 마르크스는 일종의 말놀이 표현을 써서 이렇게 말한다.◆◆ "시간의 경제(학)/절약Économie de temps, 모든 정치경제학이 최종심급에서 해소되는〔좌초하는〕 지점이 바로 여기이다." 마르크스의 '경제(학)'는 사회적 부를 생산하기 위해 필수적인 노동력 지출과의 관계 속에서 모든 사회적 부(생산된 모든 '사용가치')를 사고하겠다는 결정에 기반해 있다. 그러나 이 지점에서 마르크스에게 생리학적, 즉 신체적 '환원'이란 전혀 존재하지 않

◆ 이 '노동 일반'이라는 용어법이 마르크스에게서 (유동적인) 용어법이라는 점에 주의해야 한다. 보편적인 인간학적〔인류학적〕 범주로서의 노동 '일반'은 구체적 측면에서는 '사용가치의 생산'(이는 마르크스가 《자본》의 프랑스어판에서 Arbeitsprozess, 즉 '노동 과정' 대신 사용하는 표현이다. MEW 23/192)으로, 추상적 측면에서는 '노동력의 지출' 즉 Arbeit überhaupt(MEW 23/215)(마르크스는 이를 여기에서는 '인간 노동 일반' 혹은 '노동 일반'으로 지시한다. Cap 1/200)로 간주되어야 한다. 나의 경우, '노동 일반'을 구체적 노동과 추상적 노동 사이의 절합articulation으로 명명하는 선택을 행한다. L1에 관한 이 절의 설명이 이러한 나의 선택을 정당화해준다.

◆◆ 《비판요강Grundrisse》, 89쪽, Mss 57-58, 1권, 110쪽.

는다. 왜냐하면 마르크스에게 문제가 되는 것은 바로 '사회적' 신체이기 때문이다. 이 '사회적' 신체들은 자신들의 고유한 생명 속에서 항상 독특한singuliers 신체들이지만, 또한 사회적 앙상블ensemble 내에서 항상 **사회적으로 구성되어** 있고 위치해 있는 각자의 독특성singularité을 지닌 신체들이다. 그리고 그 지출 속에서 이 신체들은 사회적으로 교육되고 사회에 관여되어 있는 신체들이다.

'노동 일반'은 '로빈슨 크루소 신화'에서 등장한다. '로빈슨 크루소 신화' 같은 종류의 담론은 필연적으로 등장할 수밖에 없다. 마르크스는《자본》1권 1편 1장에 등장하는 하나의 짧은 문단에서 자신만의 '로빈슨 크루소 신화' 판본을 제시한다. 이 한 페이지의 설명은 마르크스 자신의 관점에서 사회주의 도래 이후에도 계속 존재할 '인간의 조건'에 대해 다룬다는 점에서 짧지만 매우 의미심장하다. "로빈슨이 살고 있는 섬을 일단 방문해보도록 하자……" 로빈슨은 자신이 가진 기능들 전체에 따라 생산해야 할 다양한 재화들 각각에 자신의 노력을 배분해야 한다. 그리고 그는 "각 생산물에 소요되는 자신의 노동시간"을 계산해야 한다(여기에서 그에게 소요되는 시간이란 곧 위에서 말한 지출을 의미한다). 마르크스는 이렇게 결론내린다. "가치의 모든 본질적 결정 요소들déterminations이 바로 여기에 포함되어 있다." 그러나 이는 로빈슨이 행한 노동의 생산물들이 '가치'로 평가될 수 있음을 의미하지는 않는다. 왜냐하면 마르크스에게는 상품만이 '가치'를 지니기 때문이다. 하지만 L1에 위치한 이 '로빈슨 크루소 신화'는 항상 인간의 노동이란 것이 특수한 **사용가치**를 향하는 **구체적** 노동임과 동시에 **노동력의 지출**로서의 **추상적** 노동이라는 점을 우리가 이해할 수 있게 해준다. 인간의 노동은 **상품생산 내에서**, '가치'라는 개념성conceptualité 즉 L2 내에서 발견하게 되는 모든 '결정 요소들'을 (이미) 지니고 있다.

그러므로 마르크스의 분석에 따르면 추상적 노동은, 마르크스에 관한 많은 주석들에서 읽을 수 있는 바와는 정반대로, 자본주의에 고유한 특징이 아니다. 우리는 역사적으로 특수한 다양한 '생산양식들'(실제로 존재하는 것이든 가정된 것에 불과하든) 속에서 '노동력의 지출'을 발견하게 된다. 마르크스는《자본》1권 1편 이후에 봉건제부터 사회주의에 이르는 이 다양한 '생산양식들'을 언급한다. 그는 1880년 〈아돌프 바그너의《경제학 교과서》에 대한 방주〉에서 한 번 더 이를 설명한다. '가치'는 노동력의 지출이 하나의 '사회적' 특징을 취하자마자 우리가 그러한 모든 사회에서 발견하게 되는 하나의 문제를 해결하는 특수한 역사적 방식에 지나지 않는다고 말이다(MEW 19/375, Pléiade, Œuvres, 2, p.1550). 하나의 경제는 항상 사회적 목적들의 체계(생명의 요소들로서의 사용가치들, 즉 생존을 위해 반드시 생산해야 하는 사용가치들의 체계)와 이 체계가 전제하는 노동labeur 사이의 관계라는 문제를 해결하는 하나의 방식인 것이다. 그리고 정확히 바로 이 점에서 경제는 곧 정치이다. 경제는 사회적으로 노동하는 신체, 즉 권위와 복종, 강제와 저항이라는 관계들 속에서 존재하는 사회적으로 노동하는 신체를 대상으로 한다. 그러나 이 관계들은 '로빈슨 크루소 신화'의 L1, 즉 인간학적 수준에서 정의될 수 없다. 이 지점에서 도대체 어떤 '결정'〔규정〕의 수준에서 이 관계들이 출현할 수 있는지 질문해보아야 한다.

2. L2: 상품적인 노동-하는-신체corps-au-travail marchand (상품생산)

이제 마르크스가 《자본》 1권 1편에서 제시하는 가치론에 대해 다뤄보자. 마르크스가 제시하는 가치론은 항상 존재하는 것은 아닌, 그러니까 초역사적이지 않고 역사적인 하나의 경제 형태를 다루는 특수한 하나의 이론이다. 이는 마르크스의 분석에 따르면 노동의 일반적인 세 가지 특징, 즉 노동 강도intensité, 노동 숙련도qualification, 노동 능숙성habileté이 **특수한spécifique** 방식으로 발현되는 지점으로서의 **상품적** 생산 논리에 관한 이론이다.

우리는 이 점에 각별히 관심을 기울일 필요가 있는데, 이 점 자체가 이해하기 어려워서는 아니다. 그보다는 오히려 마르크스가 이 점에 관해 집필을 완벽히 끝마치지 못했기 때문이다. 또한 종종 이 점을 대상으로 하는 철학적 주석들이 그 고유한 경제학적 내용을 비껴가면서 마르크스의 설명을 난해한 것으로 만들어버리기 때문이기도 하다. 바로 이 지점에서 L1, L2, L3라는 세 가지 분석 수준 사이의 구별, 그중에서도 특히 '상품적-신체'corps-marchand로서의 L2와 '상품-신체'corps-marchandise로서의 L3 사이에 존재하는 구별이 결정적 의미를 지니는 것으로 나타나기 시작한다.

여기에서 문제가 되는 것은 고유한 의미의 자본주의, 하지만 가장 일반적이고 (마르크스가 지적하듯) 가장 '추상적'인 짜임 속에서 고려된 자본주의, '상품생산'에 속하는 것으로서의 자본주의이다. 분명 자본가들의 궁극적 목표는 '사용가치'를 생산하는 것이 아니며, 상품을 생산하는 것은 더더욱 아니다. 자본가들의 궁극적 목표는 이윤을 획득하는 것, 잉여가치를 축적하는 것, 다시 말해 경제적 권력을 획득하는 것이다. 그러나 자본가들은 상품을 생산함으로써만 이를 행할 수 있다. 바로 이것이 자본가들이 해결해야 하는 문제이다. 몇몇 자본가들은 이 일을 다른 자본가들에게 떠넘길 수도 있다. 하지만 결국 전체 자본가들 중 일부는 반드시 상품을 생산하거나 다른 이들이 상품을 생산하도록 만들어야 한다. 그렇지 않다면 잉여가치란 존재하지 않을 것이다. 만일 잉여가치가 상품생산의 자본주의적 과정 내에 존재하는 노동력에 대한 착취로부터 유래

한다는 것이 최소한 사실이라면 말이다.

이러한 의미에서, 자본가들은 자본주의보다 더욱 오래된 생산의 논리, 즉 상품생산의 논리에 관여되어 있다고 볼 수 있다. 바로 이 상품생산의 논리에 대한 해명이 《자본》 1권 1편의 목표이다. 그다음으로 우리는 '상품적-신체'와 관련된 L2에 위치한 상품생산의 논리와 '상품-신체'와 관련된 L3에 위치한 자본주의적 상품생산의 논리 사이의 관계를 설정해야 한다. 이것이 바로 시장과 자본주의 사이의 관계를 정의하는 《자본》 1권 2편과 3편의 목표이다.◆ 당연히 여전히 두드러진 현재성을 지니고 있는 이 중요한 핵심 질문을 이 책에서 완전히 다루는 것은 불가능하다. 그건 특히나 이 질문이 시장과 '사회주의' 사이의 관계(그러니까 우리가 이 시장과 '사회주의'라는 용어에 부여할 수 있는 정의)에 대한 질문이기도 하기 때문이다. 나는 이 L2의 지점에 머무르고자 한다. '상품적-신체', 그러니까 L2의 상품생산이 가리키는 '상품적-신체', 상품을 생산하는(L3의 자본주의적 생산에서 '상품-신체'로서의 상품으로 구매되고 판매되는 노동력 이전에 사고되는) '상품적-신체'란 도대체 무엇인가? '이전에'라는 단어는 임노동자(《자본》 1권 3편)를 다루기 전에 마르크스가 상품적 노동자travailleur marchand, 그러니까 상품의 생

◆《자본》 1권 1편에서, 시장은 단순한 상품 **유통**이 아니라 **생산의 사회적 논리**로 제시된다. 이 설명의 끝, 그러니까 3편 7장(5장) 마지막에 마르크스는 자신의 작업 과정démarche을 **'상품생산'** 일반에서 **'자본주의적 생산'**으로 나아가는 것으로 요약한다. '상품생산' 일반은 '자본주의적 생산'의 (메타구조적) 선전제présupposé로 제시된다. 나의 저서 《《자본》에 대한 설명과 재구성Explication et Reconstruction du *Capital*》, 99~106쪽을 보라.

산자(《자본》 1권 1편)를 다룬다는 '논리적' 의미로 이해해야 한다. 마르크스가 《자본》 1권 1편 1장의 두 번째 절에 붙인 짧지만 매우 중요한 주석에서 다음처럼 정확히 말하듯 말이다. "임금이라는 범주는 우리 설명에는 아직 존재하지 않는다."(MEW 23/59, Cap 1/59) 그러므로 이는 임노동자이든 아니든 (재화의 형태를 취하든 서비스의 형태를 취하든) 상품생산자로서의 노동자 전체에 관한 것이다.

마르크스는 결국 '가치'에 대한 개념concept을 조금씩 조금씩 생산해내기 위한 목적에서 '가치'라는 통념notion을 예증하기 위해 그가 취하는 다양한 예들을 통해 우리가 상품적 신체를 이해할 수 있도록 돕는다. 탁자를 조립하는 것은 소목장이의 신체이다. 의복을 만드는 것은 재단사의 신체이며, 탁자와 교환되는 것은 바로 이 의복이다. 농부의 신체, 대장장이의 신체, 광부의 신체, 보석 세공인의 신체 등도 모두 마찬가지이다.

'자본주의에 관한 이론'—《자본》이 그 도입부부터 다루는 것이 바로 '자본주의에 관한 이론'이므로—이 개념적 설명을 위한 핵심적 도구들로서의 그 예시들을 다른 시대의 형상들 속에서 발견할 수 있다는 점에, 그리고 **전前자본주의적** 신체와 테크닉(즉 신체-도구적 테크닉)에 대한 제시로부터 시작될 수 있다는 점에 놀랄 수도 있을 것이다. 만일 마르크스가 이러한 방식으로 자신의 논리를 전개해나가게 된다면, 이는 그가 **자본주의적 역사성**을 더욱 광범위하고 더욱 오래된, 자본주의 내에서 특수하고 본질적인 하나의 현재성을 간직하고 있는 **상품적 역사성** 안에 기입하기 때문이다(그리고 바로 이것이 우리가 연구해나가야만 하는 결정적 지점이다).✦ 바로 그렇기 때문에 마르크스는 주저 없이 이 역사적 형상들, (최소한 일부분이라도) 소비를 목적으로 하는 구매와 판매를 위해 생산을 해야 했던 오래전 세상을 떠난 선조들을 소환할 수 있었던 것이다.✦✦ 이는 현실에서 이 역사적 형상이 자신의 컴퓨터 앞에 앉아 있는 기술자나 전화기에 붙들려 있는 텔레마케터, 그러니까 뇌와 신경 그리고 근육을 사용해 노동하는 개인에게서도 나타나며 시장이 이 개인들의 노동 시간을 측정하기 때문이다.

✦ 마치 우리가 상품생산 없이 상품 유통을, 상품 유통 없이 상품생산을 사고할 수 있다는 듯이 《자본》 1권 1편에서 '유통'에 대한 설명을 발견할 수 있다고 믿는 비판요강적 해석은 상품적 노동의 존재가 제기하는 '추상적' 질문을 전혀 이해할 수 없게 만든다. 많은 경우, 프랑스-독일적, 이탈리아적 혹은 영국적 판본들에서 문헌학적-철학적 전통은 '상품생산'이 구성하는 이 '실재 추상'abstraction réelle을 실제로 존재하는 사회적 논리로 식별하고자 헛되이 노력한다. 바로 이 동일한 전통의 노선 위에 마르크스주의의 '신철학자들'이 또다시 기입되는 것인데〔현대 프랑스 마르크스주의에서 '신철학자'는 기존 사회질서에 우호적인 관변 철학자를 지칭하는 경멸적 용어이다〕, 이들은 자신들의 이론을 (크리스토퍼 J. 아서Christopher J. Arthur가 말한 new dialectic이라는 의미, 즉) '신변증법' 혹은 (모이쉬 포스톤Moishe Postone이 사용한 new labour theory라는 의미, 즉) '새로운 가치론'으로 표방한다. 이들에게 **가치**의 '진실'(즉 시장의 진실, 그들의 논의를 따르자면 상품의 진실)은 **자본** 내에서, 그러니까 **가치화/가치 증식**valorisation의 과정 내에서 발견된다. 이런 식의 접근은 상품생산에 관한 이론 자체를 위한 자리를 전혀 남겨놓지 않는다. 하지만 자본주의에 대한 분석과 비판을 위해서는 상품생산에 관한 이론이 필수적으로 요구된다.

1) 따라서 '불변항으로 존재하는'De tout temps L1, 그러니까 노동 일반—이는 동시에 "정상적 삶에 대한 확인affirmation"이기도 하다(MEW 23/61N, Cap 1/61N)—은 노동력에 대한 지출, 그것도 다소간 '강도 높은' 지출이다. 하지만 이러한 노동 강도는 상품생산에서 마르크스가 L2, 즉 그의 '가치론'의 관점에서 연구한 하나의 특수한 효과를 지닌다. 바로 이러한 의미에서《자본》1권 5편의 17장(15장)에서 마르크스는 **노동 강도가 더욱 높아질 때** '노동력의 지출'로 정의된 가치에서 무슨 일이 일어나는가라는 인식론적 질문을 제기한다. 따라서 노동 강도의 증가를 통해 몇몇 노동자들은 그때까지 경쟁력을 갖기 위해 하루 8시간 동안 8미터의 아마포를 짜는 것만으로도 충분했던 시기에 하루 8시간 동안 10미터의 아마포를 짤 수 있게 된다. 이는 마치 노동자들의 하루 8시간 노동을 하루 10시간 노동으로 늘려놓는 것과 같다. 따라서 이러한 노력을 행하는, '더욱 고되게 일하는'laborieux 생산자들은 동일한 시간에 더 많은 '사용가치'를 생산함으로써 더욱 많은 가치를 생산한다. 논리적으로, 만일 이 새로운 노동 리듬이 일반화되고 표준이 된다면, 이러한 **가치**의 초과분은 사라지게 된다. 이제부터 우리는 동일한 시간에 더욱 많은 '사용가치'를 생산하지만, 그렇다고 더욱 많은 '가치'

◆◆《자본》의 도입부에서 이 형상들은, 자본주의에 대한 최후의 심판과 같이 자신들의 관을 누르고 있던 돌을 치우고 부활해 세월의 힘 속에서 출현한다. 이들의 시간이, 그러니까 보편적으로 상품적인 노동의 시간이 정말로 도래했다. 게다가 우리는 방적공과 방직공, 대장장이와 동일한 형상들을 더욱 뒷부분인《자본》1권 3편의 6장 〈불변자본과 가변자본〉(MEW 23/214, Cap 1/199)에서도 발견할 수 있다.

를 생산하는 것은 아니다. 왜냐하면 '가치'는 사회적 필요노동시간으로 측정되기 때문인데, 이 사회적 필요노동시간은 이제 10미터의 아마포의 경우 8시간이 된다. 간단히 말해 1미터당 아마포의 가치가 5분의 4로 줄어든 것이다. 결국 '더욱 고되게 일하는' 생산자들에게서 일시적으로 나타났던, 그리고 더욱 높아진 표준 속으로 흡수되어버리는 가치의 초과분은 하나의 차이적différentielle 관계에 속하는 것이다. 이 차이적 관계는 시장에서 경쟁-내-노동-하는-신체corps-au-travail-en-concurrence에 영향을 미치고 이 신체에 행사되는 압력에 따라 변화한다. 이로 인해 노동 강도는 노동 생산성의 **유사물analogue**이 된다. 하지만 이는 단지 유사물일 뿐이다. 왜냐하면 노동 생산성은 구체적 노동, 활용되는 기술에 속하는 반면 노동 강도는 추상적 노동, 노동력의 지출에 속하기 때문이다.

그러므로 상품을 생산하는, 그리고 가치를 자신의 상관항으로 지니는 노동력의 지출에, 일시적이면서도 본질적인 속성, 더욱 높거나 더욱 낮은 노동 **강도**라는 속성이 속하게 된다. 하지만 이러한 노동의 '강도'에서 우리는, 상품생산의 논리 수준인 L2에서 형식적 언표, 즉 더욱 강도 높은 노동과 더욱 긴 노동 사이에는 엄격한 등가성이 존재한다는 언표가 표현하는 바 이상의 것은 전혀 말할 수 없다. 그러나 여기에서 우리는 두 가지 해결책 사이의 잠재적인 기술적technique **양자택일** 앞에 전혀 놓여 있지 않다. 왜냐하면 이 두 가지 해결책을 결합해 더욱 강도 높게 **그리고 동시에** 더욱 오래 노동할 수 있기 때문이다. 시장은 신체를 시간 속에 제약시킨다. 여기에 관여된 개인들의 생리학적, 그러니까 생물학적biologiques, 전기적biographiques, 생정신적biopsychiques 관점에서 이러한 제약이 의미하는 바로부터, (이 L2에서) 우리는 이보다 더 한정된 정의에 대해서는 그 무엇도 말할 수 없다. 이는 하나의 생산 **논리**를 표상할 뿐이다. 더욱 '구체적'인, 즉 마르크스의 의미에서는 더욱 결정된〔규정된〕 수준으로 나아감으로써만, 다시 말해 상품적 **생산관계**인 L2로부터 자본주의적 **생산양식**인 L3로, 즉 '계급관계'로 이행함으로써만, 우리는 정치와 생명정치의 질서에 접근할 수 있을 것이다. 그리고 바로 이 계기에서만 우리는 노동 강도가 구성하는 위험한 속성을 포착할 수 있을 것이다.

2) 상품적-신체에서 마르크스가 구별하는 두 번째 성질은 더 높은 혹은 더 낮은 '숙련도'qualifié에 관한 것이다. 이는 마르크스가 《자본》에서도 여전히 조금은 혼란스러워하는 문제이다.◆ 하지만 마르크스는 더 높은 숙련도를 가진 노동을 더 생산적인 노동〔노동 생산성〕의 맥락 내에 위치시킴으로써 적절한 분석 원칙을 제시한다. 우리가 집중해야 할 점은 바로 이 노동 생산성이라는 문제 설정이다. L2에서 노동 생산성이라는 문제 설정의 핵심은 자신의 또 다른 차원, 즉 구체적 노동의 차원과 기술적 대립confrontation technique의 차원—이 또 다른 차원에, 자신이 활용하는 기술을 체화incorpore하는 인식하는 신체corps savant

◆《《자본》으로 무엇을 할 것인가?Que faire du *Capital*》의 2장 〈수량으로서의 가치〉에서 나는 마르크스가 불확실한 부분으로 남겨놓은 이 영역을 분석했다.

가 관여된다—에 따라 상품적 대립을 정의하는 것이다. 이것이 L3에서 의미하게 될 바, 즉 고유하게 자본주의적인 관계들은 이와는 또 다른 문제이다. 하지만 이미 상품적인-노동-하는-신체corps-au-travail-marchand는 그 보철물, 도구, 기계—이들은 상품적인-노동-하는-신체를 연장하며, 이들 덕택에 신체는 자연적 힘의 과정 내에 기입되는데, 이 신체는 자기 자신을 문화적으로 구성되었으며 경쟁적 관계 내에서 끊임없이 재활용되는 물리적이고 신체적인 과정의 단순한 한 계기로 구성함으로써만 이 보철물, 도구, 기계를 작동시킬 수 있다—와의 관계 속에서 이해되어야 한다. 이미 이는 방적공, 방직공, 대장장이라는 형태로 예시되어 있는 L2에 적절한 것이다. "이 노동이 유용한 한에서, 그리고 이 노동이 생산적 활동인 한에서, 노동은 생산수단과의 단순한 접촉을 통해 죽은 것들, 사실은 자기 자신의 운동 행위자들 중 일부인 죽은 것들을 되살리고 생산물을 구성하기 위해 이들을 결합시킨다."(MEW 23/215, Cap 1/200) 제분업자의 신체는 방앗간의 날개 속에, 이 방앗간의 날개를 돌리게 만드는 지식 속에 있다. 자신의 사무실에 앉아 있는 신체는 이 신체가 통달해 활용하는 소프트웨어 속에 있다. 사무실에 앉아 있는 신체는 무엇보다도 소프트웨어의 통달 그 자체이다. 영혼(혹은 정신)이 신체와는 다른 것이라고 전제하지 않는 한 말이다. 상품적인-노동-하는-신체는 경쟁적(이고 조직화된, 하지만 이 조직화에 대해서는 넘어가자) 지식을 통해 인식하는 신체이다.

3) 이 두 가지 속성들, 그러니까 노동 강도와 노동 생산성 사이에서, 세 번째 속성인 노동 능숙성, 즉 독일어 게쉬크Geschick가 (L2 내에서) 은밀하게 끼어든다. 마르크스의 서사에서 노동 능숙성은 다소 거대한 '노동 생산력'으로서의 노동 생산성이라는 틀 안으로 통합되는 세 번째 항이다(MEW 23/53, Cap 1/55). 하지만 깊이 생각해보면, 이 세 번째 항〔즉 노동 능숙성〕은 문화, 특히 젠더적 문화를 자연적이라고 가정되는 성향들(즉 L1) 안에 뒤섞어버리는 그 특유의 방식 때문에 상당히 의심스러워 보이기도 한다. 이 속성은 L3에 위치한 자본주의의 중심에서 나타나는 표현들 속에서 구체화된다. (여성의) '능숙한 손', (남성의) '묵직한 주먹', (아동의) '민첩함'은 모든 이의 리듬에 맞춰 뛰는 '성실히 노동하는 심장'cœur à l'ouvrage과 분리될 수 없다. 신체가 사회적으로 구성되고 역사적으로 정의되는 것인 만큼 말이다. 이러한 노동 일반의 (시장이라는 맥락에서 사고된) 세 번째 신체적 속성은 상품생산, 즉 L2의 역사성보다 더 오래된 역사성, 젠더 연구의 대상이 되는 그 거대한 작업장으로 우리를 되돌려 보낸다. 뒤에서 우리가 보게 되듯, 자본주의적 생산인 L3가 이 세 번째 속성의 또 다른 특수한 운명을 강제하기는 하지만 말이다.

3. L3: 임노동-하는-신체corps-au-travail salarié (자본주의적 생산)

마르크스의 생명정치(학)에 접근하기 위해, 우리는 여전히 한 걸음 더 앞으로 나아가야 한다. **'상품생산'**에 할애된 《자본》 1편(즉 L2)에 등장하는 마르크스 자신의 용어들을 따르자면,✦ (이행passage 혹은 '변형'transformation에 관한) 《자본》 1권 2편을 거쳐 **'자본주의적 생산'**에 할애된 《자본》 1권 3편(즉 L3)으로 나아가야 한다. 경제적 규정에 관한 이 이론적 전개〔즉 L2에서 L3로의 나아감〕 속에서, 노동력의 지출에서 노동력의 소비를 향한 **'이행'**이, 그러니까 사회적 관계의 **'변형'**이 **사회-정치적** 차원에서 실현된다.✦✦ 그리고 우리는 《자본》 1권 전체에서 반복적으로 출현하는 이 '소비'라는 주제, 본질적 개념임에도 《자본》을 다루는 철학적 주석이 무시하곤 하는 이 주제의 생명정치적 의미에 대해 질문해보아야 한다.

1) 마르크스는 자신의 설명에 따르면 '상품생산', 즉 L2에서 '자본주의적 생산', 즉 L3로의 논리적-이론적 이행을 정의하는 〈노동력의 구매와 판매〉라는 제목의 6장(4장)을 자신의 용어들을 활용해 결론짓는다. "이전의 화폐 소유자homme aux écus〔즉 화폐 자본가〕가 주도권을 잡아 자본가의 자격으로 선두에 서서 걸어간다. 노동력의 소유자는 노동자로서 화폐 소유자의 뒤를 졸졸 따라다닌다. 화폐 소유자는 자기가 노동자보다

✦ 절대적 잉여가치 생산에 할애된 핵심적 장의 결론에서 마르크스가 사용한 용어들을 말한다. MEW 23/211, Cap 1/187.

우위에 있다는 생각에 권위 있고 바빠 보이는 느낌의 빈정거리는 시선으로 노동자를 바라본다. 노동자는 자신의 살을 시장에 걸어놓은 양 수줍어하고 주저하며 머뭇거린다. 노동자가 할 수 있는 일이라곤 뙤약볕에 자신의 살이 타는 것을 견디는 것뿐이다."(MEW 23/190, Cap 1/179) "자본가가 하루 동안 빌린 말 한 마리의 사용에서와 정확히 마찬가지로" 자본가에게는 임노동자의 "노동력에 대한 사용"이 속한다. "자본가의 관점에서 노동 과정은 자신이 구입한 상품으로서의 노동력의 소비에 지나지 않는다."(MEW 23/200, Cap 1/187)◆◆◆

2) 바로 여기에서 우리는 마르크스가 개시한 이론적 혁명의 본성을 파악할 수 있다. 고전파 경제학자들은 '가격이-주

◆◆ 여기에서 나는《《자본》으로 무엇을 할 것인가?》의 3장 '사회정치적 개념으로서의 가치'의 분석 대상인 생명정치의 문제 설정을 다시 취한다. 이자벨 가로Isabelle Garo는《푸코, 들뢰즈, 알튀세르 그리고 마르크스Foucault, Deleuze, Althusser et Marx》(Paris: Démopolis, 2011)의 322쪽과 406쪽에서 '가치의 정치적 차원'이라는 관념이 유행하고 있다고 지적하면서 나의 논의를 여러 저자들, 특히 피에로 스라파의 제자들로 구성된 이상한 '계보'에 포함시켜버린다. 사실 나는 정반대로 스라파의 제자들에게 이 '관념'이 근본적으로 부재하고 있음을 논증했던 것인데 말이다…… 나는 정확히 이 관념을 '생산'하기 위해 노력했다. 물론 아마도 사람들은《자본》을 정치적 관점에서 읽었을 것이다. 게다가《자본》은 항상 그렇게 읽혀왔다고 말할 수도 있다. 하지만 마르크스에 따르면 '가치'가 경제적인 만큼이나 고유하게 **정치적인** 개념이라는 점은 내가 볼 때 그 당시 내가 제시했던, 그리고 이후에 등장하는 '메타구조적' 재구성 전체를 그 맹아로 포함하고 있는 분석에서 출발해야만 적절히 인식될 수 있다. 이 '메타구조적' 재구성이란 사회적 관계로 이해된 '노동력'의 '지출'과 '소비' 사이의, 더 정확히 말해 상품 논리와 자본주의적 생산 논리 사이의 관계 맺음이다.

어진-노동', 즉 **임금제**salarié 노동만을 사고한다. 그리고 내가 볼 때 경제사상사가들이 놓치고 있는 점이 바로 이것이다. 고전파 경제학자들은, 마르크스적 논리 시퀀스에 따르면, 임금제와 임금 이전에 존재하는 것으로 간주된 **날것의** 노동을 사고하지 않는다.♦♦♦♦ 이들에게는 《자본》 1권 1편에 대응하는 자리가 존재하지 않는다. 따라서 이들은 노동 강도를, 특수한 실천으로서의 노동에 구성적인 것으로서, 그 자체로 이해할 수 없다. 그래서 상품적 수준인 L2에 존재하는 **사회적** 관계로서의 **신체적 지출**에 대해 이들은 사고하지 못한다. 이에 따라 이들은 자본주의적 수준인 L3의 **소비**라는 관점에서 신체적 지출의 경제-정치적 상관물에 관심을 기울이지 못한다. 그리고 그들의

♦♦♦ 비판요강적인 저급한 해석에 따르면, 이는 '유통에서 생산으로의 이행'의 문제이다. 하지만 이는 매우 조악한 오해일 뿐이다. 마르크스가 여기에서 암시하는 '유통'이란 그가 '상품 생산'으로 지시하는 바의 논리적 결과corollaire로서의 '상품 유통'이다. 이는 《비판요강》에서도 여전히 부재하고 있는, 《자본》 1판에서도 여전히 명료하게 제시되지 못하고 있는 결정적 문제 설정이다. 하지만 결국 이는 프랑스어판과 독일어판 《자본》의 최종 판본들에서 명확히 설명된다.

♦♦♦♦ 스미스와 리카도의 관점에서, 《자본》 1권 1편은 가치의 정초자로 가정된 '노동시간'을 임금-노동의 수량으로, 그러니까 자본으로 교환되는 상품의 크기로 번역하는 언표로 환원된다(즉 노동시간 x 곱하기 시간당 임금 y). 스미스와 리카도에게서는 L3가 L2 속에서 해소되는 것이다. 노동 강도, 노동 숙련도, 노동 능숙성의 차이는 이 차이들이 발생시킨다고 가정되는 임금의 차이로 환원되어버린다. 《《자본》으로 무엇을 할 것인가?》의 24~25쪽을 보라. 1960년대부터 피에로 스라파Piero Sraffa의 제자인 이탈리아와 프랑스의 '신리카도파' 경제학자들은 '가격이 주어진' 노동만 인식하는 이러한 문제 설정을 다시 취한다. 같은 책, 256~273쪽을 보라.

경제(학)는 절대로 진정한 '정치(학)'가 되지 못한다. 노동에 대한 자신들의 준거에도 불구하고, 고전파 경제학은 오늘날의 주류 경제학과 마찬가지로 우리를 교환이라는 소우주 안에 가두어둔다. 고전파 경제학자들에게, **임금제** 노동은 마르크스가 상품적 노동에 대한 분석에서 출현하게 만드는 바의 노동 **그 자체**를 지워버리는 것이다〔즉 L2를 제거하고 L3만 사고하는 것이다〕. 그리고 바로 이 결함이 가치에 대한 고전파 경제학자들의 개념화 자체에 뿌리를 내리고 있다.

3) 마르크스는 고전파 경제학자들이 임노동을 단순한 하나의 교환 관계로 독해한다는 점을 비판함으로써 이들이 착취를 무시하고 있음을 강조한다. 왜냐하면 착취는 잉여가치를 획득하게 해주는 회계학적 조작에만 속하는 것이 아니기 때문이다. 착취는 최종적 감산soustraction finale을 구성할 뿐만 아니라 능동적 강탈 과정procès actif d'extorsion 또한 구성하고 있다. 착취는 노동자로 하여금 기술적 합리성과 신체적 강도의 관점에서 '생산적으로' 노동하게 **만든다**. 이는 푸코의 '통치성' 같은 하나의 '타동적'transitif 과정이다. 노동력은 상품으로 교환될 뿐만 아니라, 또한 우리가 금광을 채굴exploite하는 것처럼 '착취'exploitation, 달리 말해 **소비**되는 것이기도 하다. 결국 금광은 소진되어 더 이상의 금을 산출하지 못한다. 마찬가지로 노동자 또한 육체적으로 소진되어버린다. 노동자는 자신의 소진을 넘어 노동할 수는 없다. 노동 강도는 부가적이고 우연적인, 그리고 지엽적

으로 차이가 나는 하나의 요소가 아니다. 노동 강도는 구성적constituante이다. 노동 강도는 이 추상적 노동의 '구체성'을 지시한다. 다시 말해 노동 내에 관여된 **생명**을 말이다. 바로 이 생명 때문에 '사회적으로 필요한 **노동**시간'이 단순히 '사회적 필요 **시간**'이기만 한 것이 아니게 된다.◊ 〔(1)〕 **노동 강도는 자연적인 시간적 기간을 탈자연화하며,** 동시에 동질적인 자연적 시간의 추상에서 이 시간적 기간을 분리시킨다. 왜냐하면 노동 강도는 자본가와 임노동자 사이의 **사회적** 관계(다시 말해 사회적일 뿐만 아니라 또한 항상 **독특**하기도 한 관계)에 속하는 것이기 때문이다. 노동시간은 **시간**이기만 한 것이 아니다. 노동시간은 힘들 간의 관계, 즉 세력 관계 내에 기입된 이러한 특수한 구체성을 제시한다. 〔(2)〕 **사회적으로 필요한 노동시간은 계급투쟁 내에서 결정된다.** 따라서 우리는 '시장에서 자본으로의 이행'을 '노동력의 **지출**로부터 **소비**를 향한 이행', 다시 말해 **생명정치**로의 이행으로 이해한다는 조건에서만 이를 이해할 수 있다. 뒤에서 보게 되듯, '사회'의 영역과 '국가'의 영역이 이 지점에서 조우한다.

◊ 하지만 '사회적 필요시간'이라는 이 표현은 다양한 주석가들에게서 반복적으로 출현한다. 이들은 철학 용어에서 빌려온, '구체적 노동' **대** '추상적 노동'(이 '추상적 노동' 또한 자기 고유의 구체성, 즉 신체적 '지출'dépense이라는 구체성을 지니고 있다)이라는 쌍이 적절치 않다고 판단한다. 노동 강도와 사회적 필요노동시간에 관한, 다음에 이탤릭체로 이어지는 두 명제〔(1)과 (2)〕는 《《자본》으로 무엇을 할 것인가?》에서 이미 논증된 바 있다.

2장

죽을 수밖에 없는 신체◆와 법률적 신체, 사회적 신체와 고유한 신체

◆ '죽을 수밖에 없는 신체'는 프랑스어 corps mortel 즉 영어의 mortal body를 번역한 것이다. 모든 인간의 신체는 결국 죽고 마는 '필멸의 신체'이므로 이는 '인간의 신체' 자체를 의미한다.-옮긴이

아마도 독자들은 앞에서 내가 설명한 내용에서 정치와 생명정치란 도대체 무엇인지 묻고 싶을 것이다. 하지만 정치라는 영역으로의 진입이, 자본가와 임노동자 사이의 '계약'에 대한 마르크스의 지속적인 언급에서, 그리고 헤겔적 주제에 대한 그의 재해석—마르크스의 재해석에 따르면, 자본주의적 착취는 자유로운 인간에 대한 착취이다—에서 명료하게 형상화된다는 점에는 그 어떠한 모호함도 없다.

1. 누가 임노동자의 신체를 소유해 활용하는가?◆

헤겔은 '노예 계약'과 임노동 계약 사이의 차이를 강조한다. 노예 계약을 통해 나는 내 모든 것을 내 주인에게 바치는

◆ 앞서도 여러 차례 등장했던 '소유해 활용하다'는 disposer를 옮긴 것으로, 이 프랑스어 단어에는 '가지다', 즉 '소유하다'와 이 가진 것을 '활용하다'라는 의미가 모두 들어 있다(따라서 '처분'이라는 번역어도 고려해보았으나 그 단어가 가지는 특수한 어감 때문에 채택하지 않았다). 맥락에 맞는 의역을 위한 선택이다.-옮긴이

반면, 임노동 계약을 통해 나는 '정해진 기간 동안 내 육체적이고 지적인 능력과 내 잠재적 활동의 활용'을 양도함으로써 내 인격적 **실체substance** personnelle와 내 '인격성'personnalité을 보존한다. 마르크스는 헤겔의 이러한 명제를 자신의 것으로 다시 취해 본인의 글에 옮겨 적는다. 그리고 마르크스는 이 경우 노동자가 자신에 대한 이러한 판매를 **강제당한다**고, "하나의 상품처럼 자신의 노동력 자체를 판매를 위해 내놓아야 하도록 **강제당한다**"고 덧붙인다. 마르크스에 따르면 이 노동력 자체는 "자신의 인체organisme 내에서만", 그러니까 자신의 살아 있는 육체성in seinem lebendigen Leiblichkeit 내에서만 존재한다(MEW 23/182-3, Cap 1/171). 하지만 마르크스가 이러한 언급에서 임노동제를 노예제와 동일시하고 있는 것은 아니다(물론 우리에게는 마르크스가 노예제와 자본주의 사이에 어떠한 구체적 관계를 정립하고 있는지 검토해보아야 한다는 문제가 남게 되지만 말이다). 이 지점에서 마르크스는 하나의 모순적 관계를 다시 확립하는 것에 그친다. 노동자는 자유롭다. 하지만 노동자는 관리direction의 명령에 순응하도록, 그리고 자신에 대한 착취에 복종하도록 인도된다. 이러한 모호성은 여기에서 쟁점이 되는 독일어 'verfügen', 즉 프랑스어 'disposer de'〔'소유'하고 '활용'하기〕의 이중적 의미에서 드러난다. 노동자는 자신의 신체를, 자신의 노동력을 '소유하고 활용'dispose/verfügt한다. 게다가 노동자는 자신의 주인을 바꿀 수도 있다. 하지만 노동자의 신체, 즉 노동력은 항상 그의 주인의 '소유와 활용'à la disposition/zur Verfügung으로 환원된다(MEW 23/182, Cap 1/171). 따라서 경제(학)는 정치(학)다. 계약이 주인을 생산한다. 하지만 이 주인, 즉 '계약의 주인'은 계약 그 자체를 창조한 이는 전혀 아니다. 그는 이 계약의 조건들[용어들]을 완전히 자신의 마음대로 정할 수는 없다. 따라서 우리는 이를 더 이상 '계약'이라고 말할 수는 없을 것이다. 그런데 뒤에서 보겠지만 우리는 필연적으로 '계약에 대해 [결국은] 말하고 만다'. 계약은 마르크스의 《자본》의 설명으로 **필연적으로** 개입해 들어오는 것이다. 내가 자본주의의 '정치적 모순'이라고 표현해야 한다고 주장하는 바가 바로 이 지점을 가리킨다. 나는 이 자본주의의 '정치적 모순'을 그 신체적 차원으로 한정하고 분석하고자 한다.✦

2. 체화된 신체?✦✦

주인에 대한 종속은 노동 분할[즉 분업]의 강제와 기계 리듬의 강제에 복종함으로써 물질화된다. 마르크스는 이러한

✦ 나의 관점에서는, 마르크스가 정의했던 자본가와 임노동자 사이의 관계에서 세 가지 모순을 구별할 필요가 있다. '경제적 모순', 즉 착취 관계가 정의하는 **이해관계의 대립**. '정치적 모순', 즉 이 '정치적 모순'이 표면적으로는 **자유로운 인간**에 대한 착취라는 점에서 생산되는 모순. '생산적 모순', 즉 자본가의 목표인 이윤이 상품의 생산, 그러니까 사용가치의 생산을 전제한다는 점과 관련된 모순[즉 잉여가치와 사용가치 사이의 모순]. 나의 저서 《마르크스와 함께 푸코를》 158~169쪽을 보라.

복종의 효과들을 매뉴팩처와 공장 안에 존재하는 노동의 **정신생리학**이라는 관점에서 기술한다. "매뉴팩처적 분업은 (……) 개인 생명의 근본 그 자체에 이르기까지 이 개인을 공격한다. 바로 이 매뉴팩처적 분업이 산업병리학의 물질과 관념을 최초로 제공하는 것이다."(MEW 23/384, Cap 2/52) "기계화된 노동은 (……) 신경 체계를 과잉 자극한다. 기계화된 노동은 근육의 다양한 작동을 방해하고 신체와 정신의 모든 자유로운 활동을 억제한다."(MEW 23/446, Cap 2/105) 마르크스는 이 주제를 매우 자세히 파고든다.♦♦♦

마르크스가 아주 세심하게 기록한 이러한 사실적 고찰들은 하나의 사회적 존재론에 기입되는데, 이 사회적 존재론의 중심 모티프는 노동자의 기계로의 '체화/통합'incorporation, Einverleibung이다. 따라서 마르크스에게 '신체'는 하나의 개념이 되거나, 혹은 오히려 우리가 앞으로 정립해나가야 하는 하나의 개념의 은유가 된다. 그런데 이는 동시에 우리가 해결해야 할 문제이기도 하다. 왜냐하면 누가 무엇을 체화하는지의 문제, 혹은 무엇이 누구를 체화하는지의 문제가 등장하기 때문이다.

한편으로, 노동자들이 자본의 권위 아래 자본과 협업

♦♦ '체화된 신체'는 비데가 의도적으로 사용한 동어반복으로, corps incorporé를 옮긴 것이다. incorporation은 일상에서는 '통합'을 의미하며 어원에 가깝게는 '신체화' 혹은 '체화'를 의미한다. 그러므로 '체화된 신체'는 사실상 기계에 통합된 노동자의 신체 또한 의미한다고 볼 수 있다.-옮긴이

♦♦♦ 에마뉘엘 르노Emmanuel Renault는 《사회적 고통Souffrances sociales》(Paris: La Découverte, 2008)에서, 마르크스의 《자본》에 등장하는 이 주제의 중요성을 보여주었다.

하자마자 이 "노동자들은 자본에 체화〔즉 통합〕einverleibt"된다 (MEW 23, 352, Cap 2/25). 마르크스가 "신체"Leib를 연구함으로써 논의하기 시작하는 공장에서(MEW 23/441, Cap 2/100), "자본가의 절대적 권위"는 인간들을 "자신에게 속해 있는 메커니즘의 단순한 사지四肢"로(MEW 23/377, Cap 2/46), "의식 없는 기관〔즉 기계〕에 부착된 의식 있는 기관〔즉 인간〕"으로(MEW 23/442, Cap 2/102), 죽어 있는 메커니즘에 "체화된"〔통합된〕 기계의 "일부분"으로(MEW 23/445, Vsp 2/104) 변형시킨다.

하지만 우리는, 다른 한편으로, **자본주의적** 생산 즉 L3가 **상품**생산 즉 L2이기도 하다는 점을 잊어서는 안 된다. 마찬가지로 자본주의적 생산은 또한 **사용가치**의 생산, 즉 L1의 과정이기도 하다. 이 사용가치의 생산 과정과 관련해 마르크스는 노동 과정 일반에 대한 분석 수준에 할애한《자본》1권 3편 7장 (5장)의 첫 번째 절에서 생산수단이 이 노동 과정 일반에서 '살아 있는 노동의 요인들'〔노동력의 일부〕로 기능한다고 주장한다. "노동이라는 불길이 솟구치는 곳"〔즉 노동자의 노동이 행해지는 곳〕에서 이 생산수단은 "노동의 기관들로 변형되며als Leiber derselben angeeignet, 이 노동의 불길은 이 기관들로 하여금 그 고유의 기능을 수행하도록 명한다."(MEW 23/198, Cap 1/185)

마르크스는 자본주의, 즉 L3에서 이와 관련한 하나의 '전도'Verkherung가 행해진다는 점을 설명한다(MEW 23/446, Cap 2/105). **사용가치**의 생산, 즉 L1에서 기계는 노동-하는-신체가 활용하는 하나의 기관이다. **자본주의적** 생산, 즉 L3에서 기계의 기관이 되는 것은 바로 노동-하는-신체이다. "**유용한 사물들만 생산하는 것이 아니라 또한 잉여가치도 생산하는** 모든 자본주의적 생산에서, 노동의 조건은 노동자에게 포섭되기는커녕 오히려 노동자를 통제한다(강조는 저자). 하지만 바로 기계제machinisme가 기술적 현실에 이러한 **전도**를 최초로 가져다준다(강조는 저자). 자동장치로 전환된 노동수단은 노동 과정 자체 동안 **자본**이라는 형태로, 노동자의 살아 있는 힘을 지배하고 착출pompe하는 죽은 노동이라는 형태로, 노동자에 맞서기 위해 위협적인 모습으로 자신의 몸을 일으켜 세운다."(MEW 23/446, Cap 2/105)✦

그러나 자본주의적 생산 즉 L3는 여전히 사용가치의 생산 즉 L1이다. 바로 이것이 마르크스가 해결해야 했던 문제였다. 따라서 우리는 이 전도Verkehrung가 '변증법적 초월'의 의미에서, 더욱이 '제거'라는 의미에서 하나의 **지양Aufhebung**인 것은 아니라는 점을 지적해야 한다. 자본주의적 생산은 사용가치의 생산을 대체하는 것이 아니다. 자본주의적 생산은 오히려 이 사용가치의 생산을 전제한다. 상황은 '전도'된다. 그럼에도《자본》1권 3편 7장(5장)의 두 번째 절인 '자본주의적 생산 과정'에 선행하는 첫 번째 절에서 설명된 '노동 과정 일반'에 대한 분석은 그 이론적 적절성을 온전히 지니고 있다. 따라서 마르크스의 명제는 역방향의 독해를 요구한다. **'유용한 사**

✦ '위협적인 모습으로 자신의 몸을 일으켜 세운다'는 앞에서 이미 언급했던 '저항하다'라는 의미의 se dresser를 의역한 것이다.-옮긴이

물들을 창조'하는, 그러니까 사용가치(이 사용가치는 L1에 존재하는 것으로, L2에서는 상품으로 판매된다)를 **창조하는 이로서의 노동자**는 자신의 생산수단을 끊임없이 "이 노동자 고유의 운동기관들Leibesorganen"로(MEW 23/194, Cap 1/182), "혈관 체계"Gefässsystem와 나란히 존재하는 "뼈와 근육의 체계"Knochen- und Muskelsystem로 비교될 수 있는 그러한 기관들로 만든다(MEW 23/195, Cap 1/183). 그러므로 L3가 수행하는 전도는 자신이 전도하는 L1의 질서를 유지한다. 우리는 마르크스적 **사이보그**를 다음과 같은 두 가지 의미〔방향〕로 독해할 수 있다. 기계 + 인간, 그리고 인간 + 기계.

철학자-주석가들은 '뱀파이어'라는 은유를 좋아한다. 이 은유는 (모든 소외된 노동의 심연에 자리 잡게 된) 위대한 〔대문자〕 주체로 인지된 자본—이는 특히 모이쉬 포스톤Moishe Postone의 주제이다—내로의 〔노동력의〕 체화를 표현하는 은유이다. 이러한 이미지는 자신만의 진실을 지니고 있다. 이 이미지는 사회-물질적 권력으로의 신체-정신적 종속을 강조한다. 하지만 '체화'라는 주제는 기술 속에 **흡수된** 인간적 실체성에 관한 이러한 (종종 하이데거에 준거하는) **밋밋한**〔소박한〕 사회적 존재론 속에서 완성될 일종의 변증법을 옹호하기 위한 구실이 될 수는 없다. 자본의 노동자는 기계의 톱니바퀴라는 지위로 환원되지 않는다. 노동자는 모순적인 방식으로 사회적 생산의 역량puissance으로 남게 된다. '노동력'이라는 개념은 그 원리상 자본주의적 차원 즉 L3에 속하는 것도 상품적 차원 즉 L2에 속하는 것도 아니다. '노동력'이라는 개념은 L1이라는 일반적 지위를 유지하고 있으며, 이 L1의 끝에서 노동이라는 행위는 생산수단을 통해〔생산수단을 가지고서〕 행해진다. 바로 이것이 《자본》이라는 텍스트에서 우리가 독해해낼 수 있는 바이다. 생산수단의 사적 전유는 노동자—이 노동자의 노동력은 L3에서의 계급투쟁이라는 조건 속에서 L2 내 생산적 상품으로서 관여된다—가 **특정한 방식으로** 자기 고유의 신체를 '소유하고 활용'하며 **또한** 자신의 신체를 연장하는 보철물들과 그에 대한 사용도 '소유하고 활용'한다는 사실에 의해 항상 제한되는 그러한 사용권(그러니까 사용할 수 있는 능력)을 결정한다. 노동자는 이 노동자가 다른 임노동자들 및 다른 동료 시민들과 (세계-체계와 성적인 사회관계들의 특정한 상태 내에서) 맺는 관계에 의해, 그러니까 이러한 식으로 구성되는 세력 관계들에 의해 구체적으로 정의되는 (가변적인 사회-정치적 대립의) 조건 속에서만 생산수단을 소유하고 활용할 수 있다.

3. 재생산해야 하는 신체? 버려야 하는 신체?*

노동 과정에 대한 고찰에서 노동자의 재생산에 대한 고찰로 논의의 지형을 옮기면, 우리는 더 이상 전혀 정치적이지 않은, 그 고유한 기능성에 의해서만 지배되는 생명-의-세계 속으로 진입하는 것처럼 보인다. 임금의 '기능'은 '노동력을 재생산하는 것'이라고 사람들은 말한다. 특히 몇몇 마르크스주의 교과서들에서 말이다. 왜냐하면 자본은 노동을 필요로 하기 때문이다. 자본의 생존을 위해 노동자의 신체는 재생산되어야 한다. 하지만 이것이 확실한가? 이러한 식으로 임금에 대해 생리학적-기능주의적인 독해를 행할 수 있는 것일까?

예전에 나는 마르크스가 이러한 방식으로 자신의 논의를 전개하지 않는다는 점을 보여주기 위해 노력했다.✦✦ 임금의 크기에 관한 마르크스의 언급들은 "$\cdots m^S \cdots N^S \cdots$"의 논리에 따라 독해해야만 한다. "S"라는 임금 커서는 최소minimal, 즉 "m"과 정상/표준/기준normal 즉 "N"을 통과해 이동한다. "…"은 한 방향에서 다른 방향으로 뻗어나가는 무제한적 선을 지시한다. 역사적으로 구성되는 필요와 욕망에 조응하는 정상적 삶의 상태Lebenzustand로 노동력을 재생산하기 위해 정상임금 N^S는 분명 필수적이다(MEW, 23/185, Cap 1/174). 하지만 일반적으로 이 N^S라는 표준이 더 높아지는 것을 가로막는 것은 전혀 존재하지 않

✦ '버려야 하는 신체'는 corps à jeter를 옮긴 것으로, à jeter는 '일회용'이라는 의미이다. 즉 '버려야 하는 신체'를 다르게 옮기면 '일회용 신체'이다. 그리고 아래에서는 norme라는 명사와 normal이라는 형용사가 체계적으로 활용되는데, 이미 지적했듯 '정상'과 '기준' 그리고 '표준'이라는 의미를 모두 지니는 이 단어들은 맥락에 맞게 적절히 이 단어들을 활용해 옮겼다. 말하자면 여기에 등장하는 '정상', '기준', '표준'이 모두 같은 어휘의 번역어라는 점을 인지할 필요가 있다.-옮긴이

✦✦ 《《자본》으로 무엇을 할 것인가?》의 4장 〈노동력의 가치와 가격〉, 그중에서도 특히 79~82쪽을 보라.

는다. 그러므로 이는 우호적 정세 속에서의 세력 관계 문제인 것이다. 그리고 이와 정확히 동일하게 임금은 m^S(즉 생존의 최소치) 아래로도 떨어질 수 있다. 이는 임노동자를 일회용품처럼 쓰고 갖다 버린 뒤 새것으로 교체하는 것이다.✦ 특히 바로 이 버려진 신체들이 신자유주의적 풍경의 일부를 이루고 있기도 하다. '자본의 논리'가 그 반작용의 사회적 힘에 의해 억제되지 않을 때, 바로 이 버려진 신체들 속에서 '자본의 논리'가 증명된다. 그리고 이는 마르크스가 언표했던 '인구 법칙'이 이미 정확히 표현했던 것이다. 각각의 경제 위기는 산업예비군을 임금 고용의 바깥으로 **되던져버린다.** 필요하다면 언젠가는 이를 다시 활용하기 위해서 말이다.

최소 상태 m^S와 정상 상태 N^S 사이의 대비는, 종종 제시되곤 하는 편협한 기능주의적 해석 즉 노동자 신체의 재생산을 자본주의적 구조 내에 이미 기입되어 있는 것으로 인식하는 해석—이러한 해석에 따르면, 자본주의적 구조는 〔그 본성상〕 노동력이라는 노동자의 이런 힘이 정기적으로 재구성되기를 **필요로 한다**—을 경계해야 할 근거가 있음을 보여준다. 현실에서 자본가에게 노동일은 논리적으로 **무제한적**이다.✦✦ 《자본》

✦ '버리다'jeter라는 프랑스어 동사는 자본가-고용주 홀로 계약을 자의적으로 끝낼 수 있다는 점을 의미한다. 그럴 수 없다면 이는 **상품** 계약이 아닐 것이다. 바로 이 때문에, 계약이 자본가 홀로 자의적으로 끝낼 수 없는 확정적인 것으로 전제된다면, 우리는 단순한 상품적 관계에서 나와 어떠한 의미에서는 '사회적' 계약성 내부로(이 '사회적' 계약성 속에서 계약적 영원성은 사회적 신체에 의해 보증된다), 그러니까 또 다른 자유의 체제로 진입하는 것이다.

1권 6편 20장(18장)에서 설명된 자본가 고유의 논리는 **인구**의 재생산에 대한 논리가 아니라 자본가 그 자신이 지니는 자본의 논리이며, 이 자본가는 경쟁에 의해 바로 이 자본의 논리를 강제당한다. 자본가 고유의 논리는 주기cycle의 끝에 노동력의 구매에 사용된 가치 v〔즉 가변자본〕가 재등장한다는 점을 함의한다. 하지만 자본가 고유의 논리는, 어떠한 노동자이든 자본가에게는 아무런 상관이 없으므로, 노동력의 구매에 사용된 가치 v에 관여된 **동일한** 개인들 즉 동일한 노동자들을 고용하도록 자본가에게 전혀 요구하지 않는다. 임노동자의 생존은 자본의 논리와 아무런 관계도 없다. 자본의 재생산은 노동자 생명의 재생산이 아니다. 자본가들은 생명정치적 소명을 지니지 않는다. 노동자와 자본가 사이의 적대는 지불노동과 부불노동 사이의 분할에 관한 것만이 아니라, 또한 노예제와는 다른 본성을 지닌 생존을 위한 갈등이기도 하다. 하지만 그렇다고 해서 이러한 생존을 위한 갈등이 노예제에서 필연적으로 덜 중요한 것은 전혀 아닌데, 왜냐하면 노예 소유자는 노예라는 자신의 재산을 죽음이 빼앗아갔다는 점에서 최소한 이를 슬퍼하고 눈물을 흘릴 이유가 있기 때문이다. 여기에서 우리는 마르크스의 이러한 논의가 푸코의 문제 설정과는 대조되는〔구별되는〕 '인

◆◆ "자본은 노동력의 지속성에 대해서는 조금도 걱정하지 않는다. 자본이 관심을 가지는 유일한 것은 하루 동안 노동력이 지출될 수 있는 최대치이다. 그리고 자본은 노동자의 생명을 단축시킴으로써 이러한 목표에 도달한다. 탐욕스런 농업가가 자신의 땅의 비옥도를 완전히 소진시킴으로써 이 땅으로부터 더욱 많은 수확량을 획득하는 것처럼 말이다."(MEW 23/281, Cap 1/260)

구'에 대한 '생명정치'의 문제 설정을 가리키고 있음을 확인하게 된다.

4. 죽을 수밖에 없는 신체: '노동일 이론'에 관하여

《자본》 1권 3편 10장(8장)인 〈노동일〉에서, 노동자와 자본가 사이의 그 유명한 논쟁과 관련해 마르크스는 푸코의 생명정치와 유사하게 국가에 준거하는 것으로 보이는, 하지만 푸코와는 다르게 계급관계를 관통해 국가에 준거하는 것으로 보이는 생명정치를 상연한다. 마르크스는 어떻게 노동일의 시간성이 필연적으로 지불노동의 시간(이를 통해 노동력이 재생산된다)과 부불노동의 시간(이는 변형 가능한 여러 조건들에 따라 증가할 수 있다)으로 분할되는지 보여줌으로써 노동일의 시간성이라는 관점에서 잉여가치 개념을 재정식화하는 것으로 자신의 논의를 시작한다. 그런데 위에서 언급한 변형 가능한 조건들은 최종적인 수준에서는 노동일과 노동자의 수명 사이의 관계에 대한 것이다. 그래서 마르크스는 '노동일'을 ('착취율'을 계산할 수 있게 해준다는 점에서) 기술적technique 개념일 뿐만 아니라 하나의 사회과학의 지형 위에서 '이론'이 고유하게 의미하는 바가 드러나는 장소인 **이론적 개념**으로도 만드는 것이다. 또한 이 '노동일'이라는 개념은 부차적 의미의 사회학에 속하는 것이 아니라 경제-정치(학)적 개념의 사회학적 실체에 속하는, '고도'의 이론적 개념이기도 하다.

이 지점에서 마르크스는 '화폐의(다시 말해 가치의, 시장의) 자본으로의 변형'에 관한 논의를 이어간다. 시장-노동-가치는 어떤 의미에서는 하나의 '자본-노동-가치'가 된다. '노동력' 상품은 사실 허약하고 취약하며 소멸할 수 있는 것이다. 따라서 상품 거래는 이러한 취약성 주위에서 갈등적인 방식으로 실행된다. 경쟁에서 승리하기 위해 자신의 생산물들의 '개별 가치'를 낮춰야만 하는(그러니까 그 생산 시간을 단축해야만 하는) 자본가는 "노동일이라는 한계 내에서 노동자의 땀구멍을 조이"는 수준으로까지 노동 강도를 높인다(MEW 23/431-441, Cap 2/91-100). 특정 수준의 노동 강도에서, 노동자의 생명이 손상되고 수명은 단축되는 경향을 띠게 된다. 이와 동시에 행해지는 것이 바로 노동일의 연장이다. '사회적 필요노동시간' 속으로 개입하는 바로서의 '지출 중인' 노동력은 자신의 생물학적 유한성과 (이러한 유한성과 대립하는) 사회적 자의성 양자 모두에 사로잡히게 된다. 마르크스는, 리카도가 사고했던 바와는 반대로, 노동일의 기간은 (초역사적인 합리적 보편성이라는 의미에서) **자연적** 소여, 즉 사회과학으로서의 경제학이 생략해버릴 수 있는, 자연적으로 주어지는 바가 전혀 아니라는 점을 강조한다. 노동일의 기간은 노동 강도와 동일한 자격으로 노동-하는-생명과 죽음 사이의 관계(이 관계는 **계급적** 역사성에 속하는

L3에서 특수한 방식으로 확립되는 것이다)에 대한 하나의 사회-역사적 이론에 속한다.

추상적 부의 축적은 노동-하는-신체에 대한 구체적 소비를 통해 실행된다. 이 노동-하는-신체는 소멸하기 매우 쉬운 상품으로, 이 〈노동일〉 장 전체에서 노동 환경의 비위생성, 노동의 고됨의 정도, 물리적 위험, 직업적 질병 등에 대해 반복적으로 환기함으로써 소멸하기 매우 쉬운 상품 그 자체로 기록된다. 간단히 말해, 마르크스의 이론은 노동을 통해 노동-의-생명과 노동-의-죽음을 **기억**한다. 왜냐하면 자본가와 노동자 사이의 관계에 내재된 구성적이고 정의적인définitoires 이 한계-조건 속에서 자본가와 노동자가 '자유로운' 인간으로 서로 대립하는 것이기 때문이다. 따라서 노동-가치는 하나의 계급적 생명정치의 개념으로 경험된다.

푸코는 생명을 유지한다는 지금껏 존재하지 않았던 과업을 스스로에게 목표로 부여하는, 하지만 동시에 생명을 통제〔관리〕contrôler하려는 경향을 지니는 그러한 자유주의의 틀 내에 자신의 '생명정치'를 기입한다. 푸코는 '자유주의'라는 용어를 자본가들의 논리(이 논리는 자연적이라고 가정된 시장의 법칙 속에 스스로를 기입하려 하는데, 이 시장의 법칙은 또한 법권리droit의 진실을 지시하는 것이기도 하다)와 '좋은 사목적' 통치의 논리(이 논리는 또한 생명의 증식을 목표로 한 인식과 생산의 수단들 전체를 '우리 모두'tous라는 이름으로 예상하고 축적하려는 것이기도 하다)

모두를 지시하기 위해 활용한다. 곧 보게 될 것이지만 사실 이는 자유주의자들의 담론 내에서만 일관성을 가질 뿐이다. 이것은 자유주의자들의 **주장**prétention을 요약하는 것이다.◆

마르크스는 이와는 다른 도식을 제안한다. 마르크스가 분석하는 사회적 모순은 노동과 자본 사이의 이해관계 내 대립으로 환원되지 않는다. 사회적 모순은 두 가지 모순 사이의 관계로 이해되는데, 우리는 이 두 가지 모순을 각각의 고유한 이름으로 인식해야 한다. 첫 번째 모순은 '자본의 **생산적** 모순'이다. 자본가는 상품생산의 논리에 따라 L2에서 **상품**이 생산되지 않는다면 L3에서 **잉여가치**를 획득할 수 없다. 이 상품은, 자신이 또한 소비자이기도 한, 그리고 이 점으로 인해 가변적 세력관계에 따라 생산(즉 사회 세계의 물질적 생산)의 방향을 (추상적 논리에 대립하는) '좋은 삶'의 방향으로 정향할 수 있는 집합적 능력을 가지고 있는 생산자, 즉 노동자에 대해 L1에서의 **사용가치**로서의 성질을 가져야만 한다. 두 번째 모순은 '자본의 **정치적** 모순'이다. 자본은 L2의 상품적 임노동제 관계(이 관계의 중심에서 노동력은 '상품'이며, 노동자는 이 '상품'을 '소유하고 활용'할 수 있는 것으로 가정된다)로 가정된 사회적 조건 속에서 생산해야만 한다. 이러한 '소유와 활용'disposition은 사회적이고 정

◆ 여기에서는 prétention을 단순히 '주장'으로 옮겼으나, 사실 비데가 특수한 목적으로 활용하는 이 단어에는 '거들먹거림', '남은 인정하지 않더라도 자기 스스로 자처하는 바' 등의 의미가 들어 있다. 즉 여기서 비데는 이것이 자유주의자들의 주장이긴 하지만 비-자유주의자들은 인정하지 않는 그들만의 주장이라는 점을 이 단어를 통해 암시하고 있다. 따라서 전부는 아니더라도 비데가 특수한 의미로 쓴 prétention의 경우 가급적 원어를 표기했다.-옮긴이

치적인 세력 관계의 기능이다. '소유와 활용'은 주인과 임노동자 사이의 순수하게 이원론적인〔이항대립적인〕 관계 내에서는 그 어떠한 일관성도 가지지 않는다. 자유로운 인간, 즉 자유인은 **자신이 자유로운 한에서, 그리고 아무리 불완전하게 자유로울 뿐이라고 할지라도 자유로운 한에서,** 자유의 **선언된** 본질이 바로 모두에게 공통되는 것être commune à tous인 그러한 자유를 향유함으로써 다른 이들과 함께 자유로운 것이다. 이 자유인이 자유를 향유하기 시작하자마자, 그는 또한 자본주의적 시장의 목표와 단절한 공통의 목표를 정식화할 수 있는 힘을 가지기 시작한다. 따라서 착취 관계는 생명정치의 범주에 속하는 계급 투쟁의 관계이다.

5. 계약-내의-신체corps-en-contrat: 논쟁 속 사회적 신체

이렇게 우리가 L2라는 상품적 수준에서 L3라는 자본주의적 수준으로 이행함으로써, 노동-가치는 함께-자유로운-존재être-libre-ensemble에 대한 이론이라는 갈등적 지형 위에 서게 된다. 《자본》 1권 3편의 10장(8장) 〈노동일〉(MEW 247-249, Cap 1/229-231)을 여는 그 유명한 '계약론' 논쟁의 용어들을 따라가 보자. "하지만 갑자기 노동자의 목소리가 커진다." 따라서 임노동자의 **신체**에 하나의 **목소리**가 속한다. 내가 판매하는 상품은 실체적으로 나의 노동력이다. 그래서 너는 일정 시간 동안 나의 노동력을 사용할 권리를 가지게 되는 것이다. 너는 노동력을 구입하는 데 드는 비용보다 더 많은 가치를 이 노동력이 생산하기 때문에 이 노동력을 구입한다. 하지만 "나는 동일한 힘으로 나의 작업을 재개하기 위해서는 오늘 그러한 것처럼 내일도 똑같은 에너지를 가지고 있어야 하며 노동할 수 있어야 한다." 따라서 나는 "그 정상적 기간과 그 정기적 발전과 양립 가능"한 정도로만 노동력을 "지출"하기를 원한다. 하루 노동의 특정한 기간을 넘어간다면, 30년 동안 노동할 수 있는 (그리고 살아 있을 수 있는) 상태로 남아 있는 대신, 나는 10년 만에 마모되고 말 것이다. 이러한 조건 속에서 나는 날마다 정상 임금의 1/3만을 받게 된다. 나는 1년 치 임금을 받고서 3년 치 노동을 하는 것이다. 그래서 우리의 계약에 따라 나는 나로 하여금 30년 동안 일할 수 있게 해주는 그러한 노동일을 요구한다. '표준적인' 나이 이전에 죽지 않을 수 있는 그러한 노동일 말이다.◆ 이는 노동자의 **분노에 찬** 목소리이다.

L3에서의 임노동자가 전제된 '계약'("우리의 계약은 ……을 명기한다")에 조응하는 '정상적 노동일'에 준거하게 되었을 때, L2에서의 **노동-가치**에 관한 이론은 명시적인 정치적 차원을 취하면서 합리적이라고 가정된 존재들(이 합리적이라고 가정된 존재들은 '정상적 노동일'이 보장하는 정상적인 삶, 좋은 삶을 요구한다) 사이의 계약으로 '변형'Verwandlung된다. 여기에서

기준은 노동 기간과 관계된다. 재생산을 위한 소비의 형상, 즉 "…m^S…N^S…"라는, S가 붙은 **임금-표준**의 형상에 이제는 노동력의 생산적 지출의 형상인 "…N^T…M^T…", 즉 T가 붙은 **노동-표준**이 이어진다.◆◆ 첫 번째 형상인 임금-표준에서 m^S라는 계기는 생존의 **최소한도**를 지시한다. 이 최소한도의 한계 이하에서 일하는 노동자는 매일매일 자신을 재생산할 수 없는 상태에 처한다(다른 활동들 혹은 다른 이의 도움을 통해 결여를 보충하지 못한다면 말이다). N^S의 계기 즉 임금-표준의 계기는 하나의 한계를 지시하는 것이 아니라 이 선 즉 "…"의 유동적 커서를 지시하는 것이다. 임금은 모든 기능적 지표를 넘어갈 수 있다. 그러니까 임금은 우호적인 세력 관계 속에서라면 생활의 어떠한

◆《자본》 1권의 각주를 통해(MEW 23/249, Cap 1/230) 마르크스는 이러한 "항변"이 1860~1861년 런던 건설 노동자들이 9시간 노동일을 위해 "대규모 파업"을 일으켰을 때 작성했던 선언문을 "거의 동일하게" 다시 취하는 것이라는 점을 강조한다. 그래서 마르크스는 계급투쟁이라는 행위가 수반하는 발화행위를 통해 권리를 확립하는 이상적-전형적인 이러한 언표행위énonciation를 자기 고유의 이론적 담론 내에 통합한다. 그는 근대성의 어느 한 상황을 가정하는 것인데, 이 상황 속에서 공적으로 **선언된** 각자의 자유-평등은 모든 이들 사이의 과업이 된다. 두 계약 당사자 사이의 선언된 **계약**관계는 하나의 사회적 계약성에 대한 논거가 된다. 계약관계는 법적 노동일을 위한, 하나의 **법**의 제정을 위한 투쟁에 활용된다. 앞으로 보게 되겠지만, 마르크스는 이러한 관계를 올바르게 언표하는 데 실패한다. 하지만 마르크스는 이러한 **계약적 정의의 선언 déclaration de justice contractuelle**을 취하는데, 이러한 선언 없이 계약을 도구화하는 사회적 질서에 대해 **비판하기**란 불가능할 것이다.

◆◆ S는 salaire(임금)을, T는 travail(노동)을, m은 minimum(최소)을, M은 Maximum(최대)을 나타낸다.

사치나 여가, 그리고 문화를 가능케 할 수도 있다. 임금-표준인 N^S와 노동-표준인 N^T는 발전 수준에 따라, 그리고 역사적 세력 관계의 퇴적층 내에서 문화적으로 확립된 (그리고 권리 내에 다소간 불안정하게 기입된) 규칙들에 따라 가변적이라는 공통점을 가진다. 이 둘 모두는 노동자의 **생명에 대한** 기준들이다. 하지만 노동-표준은 필연적으로 M^T의 계기에 준거할 수밖에 없다. 이 M^T는 하나의 최소한도를 지시하는 것이 아니라, 일반적으로는 노동자의 죽음에 이르기까지 흘러가는 ('정상적 삶'과 양립할 수 있는) 노동일 기간의 **최대한도**를 지시하는 것이다. 임노동자 신체의 역사성은 이 두 형상 사이의 관계 안에 기입되며, 우리는 이 두 형상 모두를 생명정치적 관점에서 독해해야 한다.

파슈카니스가 잘 보여주었듯,◆◆◆ 《자본》 1권 1편은 이미 법률-정치가 관통하고 있다. 왜냐하면 L2에서의 상품 관계는 '독립적'이라고 가정된, 그러니까 자유롭고 평등하며 합리적이라고 가정된 존재들 사이에 확립되기 때문이다. 상품 관계는 계약적이라고 **가정**supposée되지 않는다. 대신 상품 관계는 계약적 관계란 무엇인지 **정의**한다. 그래서 (최소한 사적 관계라는 이러한 협소한 한계 내에서) '계약성'이라는 개념이 '사회적 계약'이라는 개념을 전혀 활용하지 않는 《자본》 내에서도 작동하고 있는 것처럼 보이는 것이다(사실 이는 '계약'이 개인들particuliers 사이의 관계라는 일상적 의미에서 사용된다면 정말 역설적인 사태

◆◆◆ Evgueny Pachukanis, *La Théorie générale du droit et le marxisme*, J. M. Brohm (tr.), Paris: EDI, 1970(1924)〔한국어판: 오이겐 파슈카니스, 《법의 일반이론과 맑스주의》, 박대원 옮김, 신서원, 2008〕

일 것이다). 마르크스적인 관점, 그러니까 내가 보기에는 일면적이라는 한계를 지니는 이런 접근에, 나는 '메타구조적' 테제를 대립시키고자 한다. 이 '메타구조적 테제'에 따르면 '계약'은 각자와 각자 사이의chacun à chacun 관계와 우리 모두 사이의entre tous 관계, 이 두 가지 관계 사이의 교차 속에서만 고유하게 **계약적인** 의미를 지닐 수 있다. 지면 관계상 '메타구조적' 테제에 관한 나의 주장을 여기에서 되풀이하기는 힘들다.♦ 하지만 나는 이러한 논쟁, 그러니까 '나'와 '너' 사이의 논쟁('너는 우리의 계약을 위반하고 있다' 등등), 그러나 사실은 '우리'에 관한 논쟁 속에서 결국에는 입증되는 것이 바로 이 '메타구조적' 테제라고 생각한다. 소리 높여 외치는 '목소리'는 대변인의 목소리이다. 그리고 그의 주장은 투쟁이라는 노동자들 사이의 수렴점에 가장 우호적임과 동시에 **모든 이들 사이에서** 명백히 가장 타결 가능한 그러한 지형, 그러니까 노동일이라는 지형 위에서 유의미하게 확립된다. 이제 우리는 왜 이것이 임금과 노동조건에 대한 요구보다도 더 이전에 프롤레타리아의 '영원한 투쟁'의 원초적 대상이었는지 이해할 수 있게 된다.♦♦ 따라서 하루라는 시간 내에서의 신체 활용에 대한 이러한 **사회적** 규정définition에 문제제기함으로써만 계급투쟁은 노동법에 대한 인정과 그 법제화로 나아갈 수 있었던 것이다.

♦ 나는 이 주장을 '규칙의 테제'la thèse de la règle로 지칭한다. 《일반이론Théorie générale》의 1장을 보라. 나는 이 장을 《세계-국가》의 2장에서 더욱 발전시켰다.

♦♦ 특히 이 지점에서 나는 얀 물리에-부탕Yann Moulier-Boutang이 저서 《노예제에서 임노동제로De l'esclavage au salariat》(PUF, 1998)에서 제시했던 거대한 테제에 준거하고 있다.

이러한 논쟁은 '우리', 그것도 이중적인 '우리'를 함축하고 있다. 다시 말해 두 계급으로 구성된 '우리', 그러니까 '당신들에-대립하는-우리'를 함축하고 있다. 하지만 이 '당신들에-대립하는-우리'는 **법**의 (**공통적**이라고 가정되는) 담론에서 확인할 수 있는 '우리-모두'에 호소한다. 따라서 우리는 합법적 노동일을 위한 역사적 투쟁으로서의 노동일에 대한 **법제화**—한 편의 대서사시처럼 이야기되는 법제화—가 〈노동일〉이라는 제목이 붙은 이 장의 핵심원리라는 점을 별로 놀라지 않고도 확인할 수 있다.

'나'와 '너' 사이의 관계가 지니는 모호성은, 우리가 이 관계를 '우리'로부터 분리시키자마자, 두 계약 당사자 사이의 존재론적-신체적 내재성에 대한 준거의 형태로 마르크스의 텍스트에 등장하게 된다. "네가 나에 대해 표상하고 대표하는 représentes 것은 너의 가슴 속에 전혀 존재하고 있지 않다. 너의 가슴에서 뛰고 있는 것은 바로 나 자신의 심장이니까." 마르크스는 여기에서 매우 강력하게 말한다. 자본가는 이식받은 심장으로 살아가고 있다고 말이다. 하지만 내가 볼 때 우리는 이 신체와 신체 사이에서, 이 심장과 심장 사이에서, 이 얼굴과 얼굴 사이에서, 너무나 눈부시게 빛나 우리의 눈을 멀게 하는 무언가 **맹목적인 것**이 존재한다고 생각할 수 있을 것 같다. 법에 대한 욕망은 수인囚人의 심장, 전유된 신체, 박탈된 신체, 부정의不正義의 체험으로부터 만들어지는 것이다. 하지만 여기에서 우리가 이 이원적 미장센—이 이원적 미장센은 L2에서의 상품적 단계의 핵심을 인위적으로 유지하고 있다—으로 인해 감추어져 있는 것으로 확인하게 되는 것, 이는 이 체험이 L3에 위치한 계급적 경험의 일치communauté, 국민적-국가적 준거에서의 일치를 함의하고 있다는 사실이다.

법률-정치적 차원에서 마르크스의 분석은 내가 볼 때 심각한 결함을, 고유한 오류를 내포하고 있는 것 같다.◆ 마르크스는 노동자가 다음처럼 말하도록 만든다. "너는 하루 동안 나의 노동력을 활용한 값만 지불하지만 실제로는 나에게서 하루 동안 3일치 노동력을 뽑아낸다. 너는 우리의 계약을, 그리고 교환법칙을 위반하고 있다. (……) 나는 정상적 노동일을 요구한다. 왜냐하면 나는 다른 모든 판매자들이 그러하듯 나라는 상품에 대한 제대로 된 가치를 원하기 때문이다. (……) 자본가는 구매자로서의 자신의 권리를 주장한다. (……) 따라서 여기에 이율배반이, 그러니까 두 권리 모두 상품 교환을 규제하는 법적 정당성을 지닌, 권리와 권리 사이의 이율배반이 존재한다. 이 평등한 두 권리 가운데 결정하는 것은 누구인가? 바로 힘이다." 사실 여기에서 노동자가 준거한 권리가 정확히 **시장의** 권리는 아닌 것으로 보인다. 분명 이는 시장의 권리와는 **다른 하나의 권리**에 대한 권리, 즉 모든 이들 사이에서 확립된 권리이다. 그리고 노동일의 **법적** 제한을 목표로 하는 노동자들의 투쟁을 이야기하는 이 장 전체에 걸쳐 표현되는 것이 바로 이것

◆ 나는 이를 나의 저서 《일반이론》 378~380쪽에서 설명했다.

이다. 즉 국민적 시민권이라는 하나의 **행위** 속에서 생산된 계급이라는 하나의 **사실** 말이다. 편협한 실증주의적 관점을 지닌 독자는 여기에서 문제가 되는 것이 여전히 존재하지도 않는 노동의 권리일 수는 없다고 주장할 것이다. 그런데 사실 이 이야기, 이 개념적 신화가 우리에게 말해주는 바는 아래로부터 발명된, 근대적인 노동 권리의 출현 그 자체이다.

만일 청년 마르크스가 썼듯, 공산주의가 자본주의를 철폐하는 운동과 다른 것이 전혀 아님이 사실이라면, 이는 이미 그러한 방향으로 한 걸음 나아간 것이다. '생산수단의 **소유**'라는 고전적 질문은 우선 이 생산수단에 대한 **활용**과 이 활용의 신체적 조건에 대한 공동의 통제〔관리〕contrôle commun에 관한 것이다. 따라서 우리는 자본주의적인 현재-의-신체와 사회주의적인 미래-의-신체를 쪼갤 수 없다. 게다가 마르크스는 자신의 텍스트《고타 강령 비판》에서 자신이 '공산주의의 첫 번째 단계'로 지시하는 바와 함께, 그러니까 오늘날 우리가 '사회주의적 단계'로 부르는 것과 함께, 우리가 '부르주아적 권리'로부터 벗어나는 것이 아님을 강조한다. 따라서《자본》의 설명 중 이 지점에서 마르크스가 범한 오류는 **근대적** 권리를 구매자와 판매자의 권리로 해석한 것이다. 이 근대적 권리가 근대국가적 형태에 속하는 하나의 집합적인 것〔집합체〕collectif을 함의하는데도 말이다. 정확히 말해, 이 지점에서 마르크스가 노동일의 제한이 '사회'(앞으로 여전히 정의해야 하는 마르크스적 용어인)

와 동시에 '계급'을 함의하는 법률 제정적 행위들을 통해 선언되는 세력 관계 내에서만 **영원한 투쟁**의 리듬을 따라 도래한다는 점을 나타나도록 만든다는 사실은 의미심장하다. 분명 계약은 하나의 허구(픽션)이다. 하지만 이는 노동력 판매자의 로비lobby라는 허구는 아니다. 상품 관계는, 이 관계가 노동력과 관련지어지자마자, 비-상품적 관계, 그러니까 '모든 이들' 사이의 정치적 관계에 내포된다. 그런데 이러한 '모든 이들' 사이의 정치적 관계는 또 다른 신체를 정의하는데, 이와 관련해 마르크스가 이 또 다른 신체에 대한 개념을 적합하게 정의하는지 아닌지 검토해보아야 한다는 문제가 남는다. 이 문제에 대해서는 뒤에서 다시 다룰 것이다.

6. 고유한, 독특한, 유명론적인 신체✦

하지만 《자본》 1권 1편의 3장에 출현하는 이런 난점들과 마주하기 전에, 우리는 여전히 이 난점들만큼이나 중요한 다음과 같은 하나의 지점을 역의 방향으로 명료화해야 한다. 이런 공통의 대의는 동시에 항상 독특하기도 하다는 점 말이다. 바로 이 지점에서 권력에 관한 푸코의 '유명론'이 그 적절성을 드러낸다. 푸코에 따르면, 마르크스의 주장대로 계급이 아니라 유일하게 **개인들**만 행위하고 노동하며 말하고 지

✦ '고유한'은 propre를, '독특한'은 singulier를, '유명론적'은 nominaliste를 옮긴 것이다.-옮긴이

배하며 저항한다. 이 개인들은 복수의 **계급관계들** 내에 기입된 '우리'라는 형태로 다양한 재결합체들regroupements의 중심에서 행위하고 노동하며 말하고 지배하며 저항한다. 푸코는 이를 정확히 파악했다. 그러나 푸코나 마르크스에게서 동일하게 사고하기 힘든 것은 '계급의' 계기와 개인의 계기 간의 관계이다. 하지만 이 지점에서 '너와 나'라는 방식과 '우리 사이에 체결된 계약'의 위반이라는 주제를 대상으로 하는 이런 논쟁을 통해 마르크스의 담론 안에서 푸코적인 무엇인가의 윤곽이 의미심장하게 소묘된다. 여기서 '노동자'와 '자본가'는 각 계급을 대표하는 추상들이 아니라 **개인들을 지시하는 추상들**이다. 그리고 바로 이 점이 이 논쟁에서 연출된 '심장과 심장 사이'의 진실, 즉 날것의 진실이다. 왜냐하면 근대적 사회 형태 안에서, 자유평등-합리성libertégalité-rationalité에 대한 보편적 주장들prétentions에 준거하는 '계약'을 요구하고 통과하는 이들은 **계급들이 아니라** 바로 개인들, 즉 시위나 회합에서 목소리를 하나로 모으는 결집한 개인들이기 때문이다.✦✦ 국민-국가를 구조화하는 것으로서의 계급**관계**rapport는 간개인적 **관계들relations** 안으로 향하는 이 계급관계의 변증법적 함축 속에만 존재한다. '계급' 그 자체는 하나의 사회집단이 아니라, 서로 대립하는 집단들과 개인들의 존재를, 그리고 이 개인들

✦✦ 에티엔 발리바르Étienne Balibar가 '평등자유 명제'la proposition de l'égaliberté를 주장하는 것과 마찬가지로, 비데 또한 평등과 자유를 하나로 결합한다. 하지만 (여기에서 더 다루지는 않겠지만) 발리바르와의 이론적 차이를 드러내기 위해 비데는 '평등자유'가 아닌 '자유평등'libertégalité을, 그리고 이를 '합리성'과 결합한 '자유평등-합리성' 명제를 제시한다.-옮긴이

과 집단들의 대립의 양태를 결정하는 분열의 확정적인 한 원리이다.

아마도 여기에서 우리가 범할 수 있는 오류는, 근대사회에서의 지배의 순수하게 '비인격적'impersonnel 특징이라는 관념의 한계 내에 일면적인 방식으로 머무르는 것이지 않을까 싶다. 개인들은 하나의 사회구조 내에서 자신들이 차지하고 있는 위치position의 자격으로서만 서로 대립할 것이다. 이 개인들은 이상적으로는 국가사회 안에서 서로 평등할 것이며, 또한 이 개인들을 상호 교환 가능한 것으로 정의하는 그들의 계급적 조건 내에서 서로 닮아 있을 것이다. 그런데 노동자의 독특한 담론—노동자의 '목소리'는 높아지고 이 '목소리'가 결국 다른 이들에게 들리게 된다—은 바로 이러한 추상을 깨버리며 그 비인격성을 제거한다. 노동자의 독특한 담론은 이를 들을 수 있는 유일한 인물인 자신의 자본가에게 말을 건다. 노동자의 독특한 담론은 자신을 심장의 목소리와, 고통 속에 빠져 있는 **독특한** 신체의 목소리와 동일시함으로써 계급이라는 장벽을 넘어선다.

아마도 우리는 이 뜨거운 핵심 지점을, 즉 사회학, 경제학, 정치학이 하나의 동일한 개념적 신체의 통일체 내에서 스스로 구성되는 경향을 띠는 이 지점을, 우리가 여기에서 분석했던 '노동-가치' 개념처럼 이 사회학, 경제학, 정치학이라는 다양한 차원들을 통합하는 개념들을 통해, '사회적 존재론'이라고 지시해야 할 것 같다. 하지만 이는 자신의 육체성 내에, 자신의 자연적-존재 내에 사로잡힌 살아 있는 독특한 주체의 존재론과는 다른 〔인간주의적인 의미의 순수한〕 인간의 존재론을 가지지는 못할 것이다.♦ 노동-하는-신체를 자신의 경제-사회-정치적 담론의 원리 속으로 집어넣음으로써, 마르크스는 이러한 길 위에서 걷기 시작한다. 임노동제 관계 속에서 예고되는 죽음의 위협은 이 관계 속에서 발견되는 자연적 독특성을 폭로한다. 이것이 바로 마르크스의 유명론이다.

♦ 스테판 아베르Stéphane Haber가 《프로이트와 사회이론Freud et la Théorie sociale》(Paris: La Dispute, 2012)에서 강조하듯이 말이다.

3장

국민적 신체, 젠더화된 신체, 외국인의 신체◆

◆ '국민적 신체'는 corps national을, '젠더화된 신체'는 corps genré를, '외국인의 신체'는 corps étranger를 옮긴 것이다. 프랑스어 genré는 영어의 gendered와 같은 의미이며, étranger는 보통 '낯선'과 '소외된'을 뜻하지만, 여기에서는 national과 대립되는 의미가 강하기 때문에 조금 어색하더라도 '외국인의'로 옮겼다.-옮긴이

우리가 이미 보았듯, 마르크스는 정치-계약적 투쟁의 지형으로 나아간다. 하지만 마르크스가 이러한 경계를 넘어서자마자, 그는 자신의 기술descriptions이 요구하는 개념들을 자신이 결여하고 있음을 깨닫게 된다. 그리고 이러한 결여는 마르크스주의의 운명을 무겁게 짓누른다. 바로 이것이 내가 설명해야 하는 최소한의 나머지이다.

1. 투쟁하는 신체, 법적 신체, 호명된 신체

작업장에서 울려 퍼지는 '목소리'는 계급투쟁을 예고한다. '투쟁'은 **전쟁**이 아니다. 투쟁은 **구조적** 개념이지 **체계적** 개념이 아니다. '전쟁 상태'가 세계-**체계**를 수식하는 반면, 투쟁은 국민-국가 중심의 계급적인 경제-정치적 **구조**에 속한다. 홉스 이래로 우리가 잘 알고 있듯, '공화국'은 전쟁 상태를 이

'공화국'의 중심에서 제거함으로써 확립된다. 따라서 '투쟁'은 권리로 가득 차 있다. '투쟁'은 무엇보다도 우선 **동료 시민들** **concitoyens**에 대한 투쟁이다. 한나 아렌트의 유명한 주장을 따라 '인간의 권리'〔인권〕가 인정된다는 가정에서 말하자면, 인간 그 자체에게가 아니라 동료 시민 그 자체에게 '인간의 권리'가 인정되는 것이다. 따라서 '근대사회'에서 투쟁하는 신체는 하나의 '국민적 신체', 그러니까 이 '국민적 신체' 자체로서 '정상적 수준'과 돌봄 그리고 휴식에 적합한 하루와 노동 내적이고 노동 외적인 **삶**에 대한 특정한 권리—결국 법적으로 보장된 전체tout—를 **주장prétend**하는 그러한 신체이다(최소한 모든 노동-하는-신체는 자신이 동시에 국민적 신체이기도 하다는 점을 요구한다). 여기에서 공통의 삶은 국가에 의해 매개된다.◆ 여기에서 계급투쟁은 아래로부터 '좋은 삶'으로 나아가도록 그 방향이 설정된다. 또한 바로 이러한 의미〔방향〕로 근대적 계급관계가 생명정치로, 아래로부터의 생명정치로 예고된다.

바로 이러한 이론적 맥락에서, 《자본》이라는 텍스트 내에서 은밀한 방식으로 한 명의 본질적인 행위자가 갑작스레 나

◆ 이러한 조건에서 노동자는 자본가에게 **말한다**. 노동자는 자본가에게 요구한다. 노동자는 하나의 담론적 관계를 확립한다. 노동자는 단순히 자본가가 지배〔명령〕commande하는 대상이기만 한 것이 아니다. 자본가는 자신의 적인 노동자에게 그 **신체와 재화**를 바치라고 요구하기 위해서만 말을 건다('신체와 재화를 바치다'는 se rendre corps et biens을 옮긴 것인데, 이 표현은 '사실을 있는 그대로 인정하다'라는 의미의 숙어이다). 국민적 공동체로서, 정치공동체는 "죽이지 마라"의 차원 내에 기입된다. 합법적 폭력에 대한 독점〔세력〕이 사형을 배제시키게 될 때, 정치공동체는 (최소한 이 한계 내에서) '자신의 개념을 실현'하는 것이다.

타나게 된다. 비록 표면적으로 이는 이 《자본》이라는 저서가 처음부터 착수했던 개념적 정교화 작업에 낯선étranger 행위자이기는 하지만 말이다. 마르크스는 노동일이 어찌 되었든 간에 특정한 한계를 지닌다고 즉시 지적한다. 이 한계는 '자본'의 역량puissance과 잉여가치의 무제한적 논리와 대립해(MEW 23/245, Cap 1/229) "자연과 **사회**가 강제하는 한계"(강조는 저자, MEW 23/246, Cap 1/228—여기에서 사용된 'sozial'이라는 독일어는 〔'사회'를 뜻하는 다른 단어들보다〕 그 의미가 더욱 불명확하다)이다. 이러한 관념은 반복적으로 출현한다. 자본은 "노동자 인구의 고통"에 무관심하다. 자본은 "사회Gesellschaft의 제약이 없다면 노동자의 생명의 건강과 그 지속성에 조금도 관심이 없다". 이렇게 마르크스는 "자유 경쟁"의 "강압적 법칙"과 사회가 강제할 수 있는 "제약"을 전면적으로 대립시킨다(MEW 23/285-6, Cap 1/265-6). "자신의 생명의 근본까지도 위협받는다는 것을 느끼는" 이러한 "사회는 노동일에 대한 법적 제한을 공포"한다(MEW 23/431, Cap 2/92). 하지만 이 '사회'라는 용어가 의미하는 바가 무엇인지 파악해야 한다는 문제가 우리에게 여전히 남아 있다.

우선 노동-하는-신체를 둘러싼 '자본'과 '사회' 사이의 대립에 대한 미장센이 하나의 기이한 대비를 제시한다는 점을 지적하자.

한편으로, 마르크스는 '자본'과 '사회' 사이의 이러한 대립을 "자본주의적 생산양식"의 "본성" 그 자체로 인한 것으로 간주하는 것처럼 보인다. "공장 입법, 즉 **사회**가 자기 고유의 조직체—자본주의적 생산의 **자생적** 운동이 만들어낸 것으로서의 조직체—에 맞서 행하는 그 의식적이고 질서정연한 첫 번째 대응은, 우리가 이미 보았듯, 철도, 자동장치로서의 기계, 전보와 동일하게 대공업의 **자연적인** 산물이다."(MEW 23/504, Cap 2/159, 강조는 저자)

다른 한편으로, 이는 그 반작용으로 촉발되는 대응이기도 하다. 왜냐하면 "강압적 법칙을 통해 그리고 **국가의 이름으로** 가장 단순한 위생조치들을 **자본주의적 생산양식에 강제할** 필요성보다 이 자본주의적 생산양식을 더욱 잘 규정할 수 있는 것이 무엇이겠는가?"라는 물음이 제기되기 때문이다(MEW 23/505, Cap 2/160). 그렇다면 자본에 자신의 권위를 강제하거나 혹은 강제해야 하는 이 '사회'란 결국 도대체 무엇인가? 마르크스에게서 이 '사회'는 이론적으로 정의된 바가 전혀 없다. 마르크스의 논의에서 '사회'는 "국가의 이름으로", 그리고 법을 통해 개입한다. 그러나 국회의원들은 마르크스가 원용하는 사회의 **대변자들**의 담론을 빼앗아 재생산함으로써 이 대변자들의 자극에 명시적으로 응답할 뿐이다.✦ 8장, 12~13장, 17~19장 내내 이어지는 200여 페이지에서 이 대변자들의 하소연과 질책은 마르크스의 이야기의 짜임 자체를 형성한다. 이 대변자들은 도대체 누구인가?✦✦ 한편으로 이들은 한 세기도 더 전

✦ 다른 가능한 예시들 중에서도, 공장을 "자동장치"와 "전제군주"로 묘사하는 것은 바로 공장 감독관 유어Ure이다(MEW 23/442, Cap 2/102).

부터 경제적인 것과 사회적인 것을 교차시켜왔던 다양한 '에세이스트들'(마르크스가 인용했던 다양한 "~에 대한 에세이〔시론〕"Essays on~라는 제목으로 시작하는 책들을 보라)이며, 다른 한편으로 의사, 외과의사, 교사, 저널리스트 그리고 특히 공적 제도에서 인정받은 인물인 노동 감독관처럼 이 문제에 대해 **전문적 지식을 갖추고 있는**compétents 여러 거대한 집단들의 대표자들이다. 근대 계급구조론에 대한 **예시**에 불과하다고 보이는 것 속에서, 마르크스의 **설명**이 아직 말하지 않은 바가 오히려 표현된다. 마르크스는 특권 계급인 **자본가**라는 극(경제적 **착취**라는 극)에 맞서 자신의 "또 다른 극", 나의 관점에서는 **"역량-관리"**direction-compétence의 극이라 부를 수 있을, 아니면 뒤에서 보겠지만 최소한 근본계급과의 경계가 상대적으로 불명확하게 남아 있는 **"역량"**compétence이라 부를 수 있을 극(관리-경영dirigeante-managériale의 기능이 여전히 상당 부분 소유자-사용자의 손에 남아 있다고 해도)을 이론적 무대 위에 매우 구체적으로 상연한다.◆◆◆

따라서 노동력의 '지출'과 '소비'를 통해 그 수량적이고 사회적인 결정 속에서 상품의 가치를 이해하는 노동-가치론은 잉여가치와 그 추상적 논리에 대한 수량적인 경제학적 분석

◆◆ représentation이 '표상', '대표', '대의', '상연', '재현'을 모두 의미하듯, '대변자'란 '대표하는 자', '표상하는 자' 등을 복합적으로 의미한다.-옮긴이

◆◆◆ 여기에서 '근본계급'은 쉽게 말해 '인민'을 의미하는데, 이에 대해서는 제라르 뒤메닐·도미니크 레비의 《현대 마르크스주의 경제학》(김덕민 옮김, 그린비, 2009) 그리고 자크 비데·제라르 뒤메닐의 《대안 마르크스주의》(김덕민 옮김, 그린비, 2014)를 참조할 수 있다.-옮긴이

에서 여전히 종결되지 않았던 것이다. 노동-가치론은 근대 '사회'와 국가 사이의 국민〔국가〕적 관계에 대한 제도적 분석 속에서 자신의 경제-정치적 흐름을 계속 따라간다.

그래서 마르크스가 《자본》 1권 1편의 2장에서 말했던, L2에서의 '일반적인 사회적 행위'와 '공통의 행위'에서 모든 것이 이미 해결된 것은 아니었다. 마르크스는 "태초에 행동이 있었다"라고 말하면서 동시에 이 '사회적 행동'이 그에 따라 모든 생산물이 상품으로 '공인'되는 선언이라고 지적한다. 이러한 말의 행위에 의해, 화폐(그러니까 화폐가 그 매개자가 되는 시장)는 법(이 법으로 인해 우리는 대문자 짐승의 물신적 권력에 우리의 힘과 역량을 넘겨준다Illi unum consilium habent et virtutem et potestatem suam bestiae tradunt)으로 가정된다. 이렇게 모든 경계를 넘어 하나의 보편적이고 초월적인 권력이 모습을 드러낸다. 그렇지만 우리가 여기에서 보듯 계급적인 근대 국민-국가의 틀 내에서 공장 입법은 최초의 '공통의 행위'를 제한하는 L3에서의 새로운 '공통의 행위'를 개시한다. 이 공장 입법은 상품으로 재-생산된 노동-하는-신체로 하여금, **최소한 그 일부분이** 자본주의적 **시장**의 법칙을 벗어나도록 만들고 이러한 벗어남을 확정한다. 이는 마르크스가 말하듯 바로 '권리에 반하는 권리'로서의 하나의 '이율배반'이다. 그러나 공장 입법은 마르크스가 그렇게 믿었듯, '상품들의 교환을 규제하는 법(L2)'을 표현하지는 않는다. 대신 공장 입법은 L3에서의 '세력 관계'를, 하지만 판매자와 구매자 사이의 세력 관계가 아니라 한편으로는 시장의 법칙을 밀어붙이고 다른 한편으로는 모두가 함께en commun 정교하게 구성한 법을 밀어붙이는 그러한 사회적 힘들 사이의 세력 관계를 표현한다. 결국 이는 또한 각자가 자신의 고유한 신체와 맺는 또 하나의 사회적 관계이다.

따라서 마르크스가 설명하듯 **목소리들**은 자신들을 자유평등하며librégaux 합리적이라고 선언하는 시민들의 경제적이고 정치적인 **'외침'** 속에서, 즉 인정을 위한 투쟁(이 인정을 위한 투쟁은 바로 경제와 정치라는 분리 불가능한 두 차원에 존재한다) 속에서 하나로 모인다.✧ '우리의 계약'은 모두가 함께 확립한 법에 적합한 것으로 입증되어야 한다. 실제로 이러한 모호성의 지표 아래, 여기에서부터 평등이 멈추어 선다는 위로부터의 선언이, 그리고 동시에 여기에서부터 평등이 시작된다는 아래로부터의 선언이 끊임없이 반복된다.

2. 성별화된 신체, 아동의 신체, 외국인의 신체✧✧

하지만 아렌트를 통해 알튀세르를 다시 읽어보자면, 이러한 '호명'은 국민이라는 엄격한 울타리 안에서만 울려 퍼진

✧ "매뉴팩처 노동자들은, 특히 1838년 이래로, 10시간 노동법을 자신들의 경제적 집결의 외침으로 만들어왔다. 마치 그들이 헌장Charte을 자신들의 정치적 집결의 외침으로 만들었던 것과 마찬가지로."(Cap 1/275, MEW 23, 297-298. 여기에서 마르크스는 '외침'이 아니라 '경제적'이고 '정치적'인 '선언', 즉 선거 참여 촉구Wahlaufruf에 대해 말한다)

다. 물론 이 국민적 공간은 여전히 **다공적**多孔的이다. 특히 이 국민적 공간은 계약적이라고 가정된 관계 내부에 또 하나의 공간을 포함하고 있다. 이는 바로 마르크스가 특별히 한 부분을 할애했던 주제인 여성과 아동에 관한 공간이다(MEW 23/416-424, Cap 2/78-86). 마르크스는 "기계화를 통한 자본주의적 고용"이 가족 수입을 현저히 증가시키지는 않으면서 여성과 아동을 시장으로 난폭하게 던져넣는다고 설명한다. 따라서 "자유로운 인격들 사이의 계약"은 "손상"되는 것일 뿐만 아니라, 어쨌든 이 계약이 임노동제 내에서 이미 그러했듯 "전도"되기까지 한다(독일어 텍스트인 MEW 23/417를 수정한 Cap 1/79). 따라서 계약성은 마르크스의 담론 내에서 좌표점으로 기능한다. 이 지점에서 우리가 이러한 계약적-국민적 공간으로부터 벗어난다는 점이 드러난다. 그러므로 이 지점에서 또 하나의 새로운 '전도'Verkehrung가, 하지만 완전히 다른 또 하나의 유효범위를 지니는 '전도'가 행해진다. 우리는 계약적이라고 가정된 관계에서 **탈출**하는 것이다.

여기에서 우리는 (마르크스 **이론**의 중심에 위치한) '자유로운' 프롤레타리아, 즉 임노동자의 착취당하는 신체와, **묘사, 이야기 그리고 증언**을 통해서만 접근할 수 있는 회색지대에 속하는 것으로 보이는 여성과 아동의 과잉착취되고 예속된 신체 사이의 놀라운 간극을 관찰하게 된다. 그렇지만 이러한 여성과 아동의 신체가 마르크스 이론의 완전한 바깥에 존재하는 것

◆◆ '성별화된 신체'는 corps sexué를, '아동의 신체'는 corps enfant을, '외국인의 신체'는 corps étranger를 옮긴 것이다.-옮긴이

은 아니다. 왜냐하면 마르크스는 이론적으로 정의된 어떠한 사회적 메커니즘들을 통해 이 신체들이 생산되는지 보여주려 애쓰기 때문이다. 하지만 이 여성과 아동의 신체는 이론의 메타/구조적méta/structurel 축에 따라 생산되는 것은 아니다. '형이상학'의 단어들인 자유-평등-합리성은 프롤레타리아의 향연에 자연스럽게 진입한다. 자유와 평등, 합리성이라는 단어들은, **자신의 의미로 되돌아가기 위해서,** 계급적인 근대적 구조에 대한 이론화 속으로 자연스럽게 진입한다. 왜냐하면 마르크스의 분석론은 동시에 해방에 대한 하나의 시각을 함의하고 있는 하나의 비판이기도 하기 때문이다. 그렇지만 우리가 〔마르크스에게서의〕 젠더적 관계라는 문제에 접근하게 된다면, 이 단어들이 지니는 자체적인 구성주의적 적절성은 상실되고 만다. 이 단어들은 노예제의 묘사적 어휘를 위한 자리를 내어주긴 하지만, 본질적으로 근대사회를 선언하는 것으로서의 이 단어들의 철학이 동일한 방식으로 노예제와 관계되어 있는 것은 아니다.

마르크스 이전에 그 어떠한 이론가도 산업노동에서의 구체성과 가사노동에서의 구체성(여성의 노동이 산업노동임과 **동시에** 끊임없이 아동에 대한 수유와 돌봄, 요리 그리고 바느질과 수선이기도 했다는 점에서, MEW 23/417 m1. Cap 2/79) 속에 사로잡힌 여성의 노동을 이론적 문제로 구성하지는 않았던 것 같다.◆◆◆ 이는 단순히 마르크스의 이론이 여성 노동이라는 대상에 **적용된다**는 점만을 의미하지는 않는다. 이 대상은 **노동-하**

는-신체에 관한 이론, 그리고 동시에 노동하는 성性과 가족에 관한 **이론으로서** 그 자체 **성별화된** 하나의 **이론**에 **속하는** 것이기도 하다. 하지만 《자본》의 이러한 이론적 담론은, 그것이 **계급관계에 관한 이론**으로 흡수되어버릴 때, 젠더화된 신체를 자신의 영역의 바깥에 유기한다. 왜냐하면 마르크스의 이론은 **이론 그 자체로서** 여성과 남성 사이의 대립을 정식화하는 수단을 소유하고 있지 않기 때문이다. 마르크스의 이론은 그것이 국민들-간의-관계들을 무시하듯 성들-간의-관계들을 무시한다. 바로 그렇기 때문에 마르크스의 이름으로 '인종-젠더-계급'이라는 깃발을, 세 가지 자유의 색이 칠해진 플래카드를 펼치기가 그토록 어려운 것이다.♦♦♦♦

마찬가지로, 마르크스적인 이론적 담론은 아동기가 역사적 발명이자 생명정치적 생산물이라고 폭로한다. "자본주의적 인류학은 아동기가 10세까지만, 기껏해야 11세까지만 해당해야 한다고 선언한다."(MEW 23/297, Cap 1/274) 마르크스적 담론은 노동하는 아동에 관한 하나의 **스토리텔링story-telling**을 제시한다. "저의 이름은 윌리엄 우드입니다. 아홉 살이죠. 일곱 살 때부터 일을 시작했고 매일매일 하루에 15시간씩 일한답니다……"(MEW 23/259, Cap 1/240) 하지만 노동 감독관이 수집한

♦♦♦ 물론 마르크스의 젠더 관계에 대한 분석이 그 한계를 지니긴 했지만 말이다. 우리는 이 문제에 대해서 문헌자료에 기반해 엄밀히 행한 연구를 프리가 하우크Frigga Haug의 글 〈성적 관계의 이론에 관하여Sur la théorie des rapports de sexe〉(아니 비데-모르드렐Annie Bidet-Mordrel 책임편집, 《성적 사회관계Les Rapports sociaux de sexe》, PUF, 2010)에서 찾아볼 수 있다.

♦♦♦♦ 이것이 《세계-국가》의 5장 〈계급, 인종, 성〉의 주제다.

이러한 말은 프롤레타리아 시민의 세계와는 다른 세계로 우리를 안내한다. 이 말은, 도시의 바로 그 중심에서, 임노동제가 당연한 것으로 간주하는 "생존"의 조건들이 **전도된** 것으로 드러나는 하나의 외부를, 죽음의 위협조차 고려되지 않는 노예제의 장소를 표현한다. 공장에서 밤낮 없이 행해지는 아동 노동, 그리고 노동자 가족에서 세 배나 더 높게 나타나는 아동 사망률, 심지어는 높은 굴뚝을 청소하기에 적합한 섬세하고 작은 신체를 가져 꼬마 굴뚝청소부로 스스로를 판매하거나 부모가 팔아버리는 몇몇 아동들에 할애된 이 수많은 페이지들이 예증하는 바가 바로 이것이다. 아동 노동의 거래는 심지어 "계약의 외관"조차도 상실한다. 극단적인 경우 아동은 자유로운 존재의 지위와 "흑인 노예"의 지위 사이에서 왔다 갔다 한다(MEW 23/418-419, Cap 2/79-80).

그 자체로 국민의 경계에 자리하고 있는, "천연두와 티푸스, 콜레라와 성홍열" 속으로 내던져진 "프롤레타리아 노마드들"의 경우도 마찬가지이다(MEW 23/693, Cap 3/106). 이들은 **떠돌이패 우두머리**gangmaster의 마초적이거나 보헤미안적인 지시에 따라 떠돌아다니는 한 무리의 프롤레타리아들이다. 이들은 계절에 따라 신축적인 노동을 하는 한 무리의 프롤레타리아들이다. 이 노마드들이 겪고 있는 것은 마치 소돔과 고모라 사이의 끝없는 전진과 같다고 마르크스는 말한다. "13세 혹은 14세의 소녀들이 같은 나이의 자신의 남자 동료 노동자들에 의해 임신하게 되는 것은 흔한 일이다."(MEW 23/724, Cap 3/134-135) 이것이 노동의 길 위에 선 청소년들의 신체이다. 마찬가지로, 노동 가능 인구의 3분의 1까지도 차지할 수 있는, 산업 발전에 의해 그 수가 급속히 증가한 여성 노동자들을 중심으로 하는 이러한 "하인 계급"은 "고대의 집안 노예"를 재생산한 노예제적 근대성을 대표한다(MEW 23/469, Cap 2/126).

'이성의 도구화'instrumentalisation de la raison와 함께, 근대성은 메타구조론이 제시하는 '역사유물론'에 통합된 '언어적 전회'에 따라 **이성의 선언의 도구화instrumentalisation d'une déclaration de raison**, 자유평등-합리성의 담론적인 하나의 사회적 질서—이 질서의 '매개'인 시장과 조직은 계급관계들로 결합된, 언어적 사실로 환원될 수 없는 '계급적 요인들'로 전환된다—를 제도화하는 주장prétention으로서의 이성의 선언의 도구화라고 말해져야 한다. 바로 이 도구화에 반대해 마르크스의 담론은 이성적인 것으로 스스로를 정립한다. 따라서 마르크스의 담론은 (불완전하게라도 이러한 근대적 교통의 주장prétention을 증거하는) '노동자의 외침'을 자기 고유의 이론-비판적 담론에 구성적인 것으로 가정한다. 하지만 마르크스의 담론이 여성과 아동의 문제에 접근할 때는, 이 이론-비판적 담론이 부정적인 방식으로만 작동하게 된다. 이 이론-비판적 담론은 푸코가 연구했던 그 어두운 영역으로 우리를 안내한다. 바로 법권리droit의 국민-국가 한가운데에 존재하는 비-법권리적인 영역 말이다. '사회'가 생산하는 저항적 이야기들에서 다시 취한 노예제의 범주들을 통해, 하지만 마르크스가 근대적인 외-계약성extra-contractualité의 고유한 의미에 따라 복원한 범주들을 통해, 마르크스는 여성, 아동 그리고 프레카리아트들의 세계를 모든 호명적 주체화, 즉 호명에 의해 이루어지는 모든 주체화에 미달하는 신체들이 예속화되는 장소로 환기시킨다. 프롤레타리아에 대한, 임금 **노동자**에 대한 착취는 그래도 어찌 되었든 미래에 대한 약속을 지니고 있다. 자유로운 인간으로서 착취당하는 임금 노동자는 자신의 목소리를 들리게 만든다. 임금 노동자는 결국 자신의 주인을 무찌를 것이고, 그것이 '왜'와 '무엇'을 설명하는 이론의 목표 그 자체이다. 하지만 계급 지배와 젠더 지배가 개입해 들어오는 이 내부-외부(내부적 외부 혹은 외부적 내부)에 관련해, 《자본》의 저자 마르크스는 생산해야 할 미래의 진리를 가지고 있지 못하다. '임노동제의 철폐'는 계급관계만을 철폐할 뿐이기 때문이다.

그래서 성의 경계는 자신의 한계를 '인종'의 한계와 혼란스럽게 뒤섞는다. 이는 "여성, 아동 그리고 청소년"이 형성하는, 헐값에 판매되는 이 일련의 노동력들이 증거하는 바이다(이 "여성, 아동 그리고 청소년"이라는 목록에, 《자본》 프랑스어판은 "중국인들"을 추가한다. MEW 23/665, Cap 2/79). 마르크스는 "노예제"와의 유비적 관점에서 다음처럼 말한다. 임노동자의 사회적 조건은 종종 노예의 사회적 조건과 유사하다고. 하지만 마르크스 본인의 자본에 대한 이론은 또한 고유한 의미에서의 노예제를 그 대상으로 통합하고 있기도 하다. 자본주의가 국제적 시장으로 발전하자마자, 자본주의가 식민지들에 확립되자마자, 이 "자본주의에 대한 공포가 (……) 노예제와 농노제의 야만 위에 세워지게 된다."(MEW 23/250, Cap 1/232) 이는 놀라운 이윤을 가져다주는, 멕시코 농민과 다뉴브의 농노 등의 신체와 마찬가지로 **노예의 신체**에 대한 착취에 기반한, 자본주의의 특수한 양태이다. 동일하게 마르크스는 여전히 특히 지방에서 도시로의 이민이 대다수를 차지하지만 이미 외국인의 이민 또한 시작된 산업적 이민을 "때 이른 죽음을 피할 수 없는 독일인들"의 이민으로 간주한다(MEW 23/282, Cap 1/260).◆

이제 우리에게는 마르크스의 이론이 자본주의를 "자유로운 인간"의 착취로 정의한다는 문제가 남는다(MEW 23/374, Cap 2/27). 아마도 마르크스의 이론은 바로 이러한 정의로부터 시작되어야 하는 것처럼 보인다. 하지만 이러한 형태로 개시된 프로그램을 완성시킨다는 것은 전혀 쉽지 않다. 생산양식이라는 정초적 개념은 지리학적 영역의 바깥에 있는 순전히 추상적인 것이다. 생산양식이라는 개념은 근대성이 계급적 **구조**일 뿐만 아니라 또한 세계-**체계**이기도 하다는 사실이 함의하는 바 전체를 이론화하지 못하게 만든다. 마르크스 이후에도 그 오랜 시간동안, '주변부'는 이론의 주변부로 남아 있었다. 자본가

◆ 왜냐하면 근본적으로 노예는 항상 외국인이기 때문이다. 올리비에 페트레-그르누이오Olivier Pétré-Grenouilleau가 책임편집한 《노예제의 역사Histoire de l'esclavage》(Paris: Plon, 2008)가 제시하는 테제를 참조하라.

계급이라는 하나의 계급에 의한 생산수단의 전유는 불균등한 역량puissantes을 지니고 있는 공동체들에 의한 영토 전유에 대해 그 무엇도 설명해주지 못한다. 심지어 이는 포스트-식민지와 전지구적인 포스트-식민적 이주에 대해, 하나는 구조적이며 다른 하나는 체계적인, 이러한 두 가지 차원의 도착적 교차croisement pervers 또한 설명하지 못한다. 하지만 바로 이 '체계적' 관계에, 동료 시민들 사이의 (계급적) **투쟁** 관계와는 대조적인, 제국주의와 '테러리즘'이라는 형태 아래 국민들 사이에 반영되는, 이 국민들 사이의 불균등한 **전쟁** 관계가 포함된다. 여기에서 '목소리'도 '외침'도 더 이상 유효하지 않다. 식민화된 인격은 부름 당하며hélée 질책 당한다. 식민화된 인격은 〔알튀세르적 의미에서〕 호명되지 않는다. 왜냐하면 식민화된 인격은 다른 존재와 완전히 동일한 존재로 선언되지 않기 때문이다. 식민화된 인격은 외국인의〔낯선 혹은 소외된〕 신체이다.

노동, 가치 그리고 잉여-가치에 대한 논쟁

: 일곱 개의 전선과 마주한 《마르크스의 생명정치학》

◊ 이 한국어판 후기는 비데가 이 책의 한국어판을 위해 2019년 2월 집필한 텍스트이다. 이 한국어판 후기의 원제는 "Postface à l'édition coréenne-Marx et la Loi-Travail dans les débats sur le travail, la valeur et la plus-value: Une bataille sur 7 fronts"이다. 옮긴이는 이 후기가 독립적 논문으로 쓰일 수 있을 것이라 판단해 본문에 이미 등장한 용어라도 원어를 표기했으며, 또한 본문과 번역 원칙을 달리하여 조금 더 엄밀하게 번역하려 했음을 밝힌다. 예를 들어, '노동-가치', 즉 valeur-travail와 짝을 이룰 수 있게 여기에서는 plus-value를 '잉여-가치'로 번역했으며, moderne의 경우에도 맥락에 맞게 '근대'와 '현대'라는 번역어 모두를 사용했다. '잉여-가치' 개념과 그 번역어 선정에 관해서는 에티엔 발리바르의 〈잉여가치〉(배세진 옮김, 《문화/과학》98호, 2019년 여름)를 참조하라.-옮긴이

서론

현재 한국에서 마르크스주의의 쇄신에 대한 비판적 관심이 일고 있다는 사실을 인지하고 있기에, 이 책에 다음과 같은 간략한 후기, 이 책을 오늘날 여러 연구자들 사이에서 이루어지고 있는 이론적이고 정치적인 논쟁들의 맥락에 위치시키는 후기를 추가하는 것이 나에게 유용해 보였다. 아주 오래전부터 서로 다른 여러 전선들에서 이끌어온 전투의 결실인 나의 작업을 한국 독자들이 더욱 잘 이해할 수 있도록 이 후기가 도움이 되기를 희망한다. 하지만 이 전투는 마르크스의 저작에 대한 문헌학적 논쟁이 전혀 아니며, 대신 우리 사회에 대한 분석과 계급적이고 국가적인 지배—가령 제국주의적이고 가부장제적인 것과 같은 다른 지배들에 연결되어 있는—에 맞선 전략을 정교하게 구성하기élaboration 위해 마르크스의 저작을 우리가 어떻게 활용할 것인가에 대한, 그러므로 무엇보다도 우선

이 마르크스의 저작에 어떠한 의미/방향sens을 부여해야 하는지를 파악하는 것에 대한 논쟁이다.

우리가 이미 알고 있듯, 마르크스는《자본》의 저자임과 동시에 제1인터내셔널의 주축이기도 했다. 그래서 마르크스의《자본》은 자본주의를 공격하기 위해 발사된 미사일에 비유될 수 있었다. 하지만 물론 마르크스의《자본》이 이러한 기대에 완전히 부응했던 것은 아니었다. 그럼에도《자본》은 자본주의라는 리바이어던에게 치유 불가능하게 벌어져버린 상처를 남겼다. 이 상처는 리바이어던에게 곧 이어질 고통을 아직은 선사하고 있지 않으나, 그럼에도 이 리바이어던의 뱃속 깊숙한 곳에 위치한 내장들을 밖으로 끄집어내버렸다.《자본》이라는 고전적 저서의 중심축은, 인류와 자연에 대한 그 결과가 어떠하든, 자본주의가 한 줌의 인물들에 의해 독점화된 권력 형태를 띠고 있는 추상적 부로서의 이윤 이외의 다른 궁극의 논리를 가지지 않는다는 것이다. 이 점은 신자유주의 아래에서 벌어지고 있는 생태학적 재앙의 시기에 그 어느 때보다도 더 구체적으로 증명되고 있다. 바로 이《자본》안에서 이러한 질문이, 역사상 처음으로 그리고 비가역적 방식으로, 이 질문의 본질적 특징들 속에서 분석적 방식으로 포착되고 있다. 만일《자본》이라는 저작이 정치적 유효범위portée를 지닌다면, 이 정치적 유효범위는 바로《자본》의 이론적 적절성만큼의 유효범위를 지니는 것이다. 마르크스적 분석의 정초적 개념들은 근본적/급진적radicale 새로움을 지니고 있다는 점에서 인류의 〔사상적〕 유산에 속한다. 그렇지만 이 정초적 개념들은 이 개념들이 우리의 비판적 판단에 맡겨진다는 조건 아래에서만 의미를 갖게 된다. 그런데 우리는 오늘날 이 개념들이 마르크스적 분석을 원용하는 이들에게서 매우 대조되는, 즉 매우 모순적인 활용들을 산출해내고 있다는 점 또한 인정해야 한다. 나의 관점에서 볼 때, 가장 유명한 비판들 중 몇몇 해석들은 이 **개념들의 집합**corps de concepts의 약화라는 효과를, 게다가 이 **개념들의 집합**의 이론적이고 실천적인 무력화라는 효과를 생산한다. 물론 마르크스 150년 이후를 살고 있는 우리에게 마르크스를 추수하고 교정하며 확장하는 것 등, 간단히 말해 마르크스보다 더 멀리 나아가는 것은 중요하다. 하지만 가능하다면 올바른 방향으로 더 멀리 나아가야 할 것이다. 바로 그렇기 때문에, 나로 하여금 오늘날 학계 내 마르크스주의에서 인기를 얻고 있는, 그리고 이로 인해 어떤 비판적 공론〔장〕 안에서도 인기를 얻고 있는 몇몇 방향들로부터 (하지만 각기 서로 다른 정도로) 거리를 두게끔 만드는 이유들을 아래에서 간략히 언급할 필요가 있다. 이 책에서 나는 한편으로는 알튀세르의 인식론적 교훈들을 해명함으로써, 그리고 다른 한편으로는 〔사람들에 의해 이미〕 선명하게 인정된 마르크스적 '정통성'에 대한 역설적 보증물로서의 '생명정치'라는 푸코의 개념을 해명함으로써, 암묵적으로 이 방향들에 대한 의견을 제시했다. 그래서 이 책에서만큼은 마르크스의 것과 동일한 유형의 일관성을 제시하는 하나의 이론, 하지만 더욱 넓고 더욱 탄탄한 토대 위에서 마르크스 이후의 개념적 자원들을 자연스럽게 아래로부터 길어 올리는 식으로 다시 정초된 이론으로서 〔내가 나의 이전 저서들에서 전개한〕 하나의 '메타-마르크스주의'를 구축하고자 하는 일반적 프로그램으로부터 스스로 거리를 두었다. 본질적으로 나는 마르크스의 '진실'을 그 '진실'의 한계 내에서 방어하는 것으로 만족했다. 이것만 해도 사실은 엄청난 작업이기 때문이다. 하지만 여기에서는 적어도 내가 누구에 대항하여, 그리고 어떠한 한계 내에서 마르크스의 대의를 옹호했던 것인지만큼은 언급해야 할 것 같다.

따라서 이 한국어판 후기에서는 《자본》의 다양한 독해들에 대해서 다룰 텐데, 이 다양한 독해들에 나는 학술적 악평〔학술적 비판〕이라는 오랜 전통에 따라 힐난하기 위한 명칭들을 거칠게 부여할 것이다. 그렇지만 이 독해자들은 거의 대부분 확고한 반자본주의적 신념을 가지고 있고, 인류의 해방이라는 대의에 헌신하는, 하지만 내 생각에는 이들이 우리에게 가져다줄 수 있는 빛나는 관점에도 불구하고 본질적인 무언가를 결여한 정치적 동지들—게다가 이 중 몇몇은 나와 매우 가까운 이들인데—이다.[◆] '이론적' 질문을 다룰 때, 즉 이 '이론적' 질문의 경제적이고 사회학적이고 정치적인, 그리고 분석적이고 변

◆ 이에 관한 나의 더욱 상세한 언급에 관해서는, 내 스스로의 분석과 대조하는 방식으로 다양한 관점들의 파노라마 전체를 제시한 《《자본》에 대한 설명과 재구성Explication et Reconstruction du *Capital*》(PUF, 2004)을 참조하라.

증법적인 다양한 차원들이 마르크스 자신의 텍스트 결들 내에서 서로 포개어지는 핵심 지점point crucial을 해독할 때도 사정은 마찬가지이다. 왜냐하면 마르크스의 개념들 중 제1의 개념들에 내적인 바로 이러한 교차 속에서 마르크스적 이론이 이론으로서 고유한 가치를 갖기 때문이다. 더 정확히 말해, 이러한 교차 속에서 마르크스의 이론이 하나의 '사회적 존재론'으로 드러나면서, 이론과 실천이라는 쌍을 구성하는 두 항 중 하나의 항이라는 의미에서 '이론'으로 구성되기 때문이다. 고유한 의미에서 '핵심적'crucial인 이 장소에서 출발함으로써, 우리는 마르크스가 개시했던 탐구를 지속할 수 있게 된다. 최소한 내가 보여주고자 했던 지점은 바로 '가치의 **노동** 이론'과 잉여-가치론 사이의 절합이라는 지점이다.◆◆ 이러한 주장affirmation은 사소한 것처럼 보일 수도 있다. 하지만 이 주장은, 이 후기에서 도식적으로 상기시키는 것으로 만족할 수밖에 없는 몇몇 복잡한 질문들을 제기한다.◆◆◆ 그리고 이 주장은, 사실 이 주장이 대표하는 도전과 맞서 싸우기를 포기하는 〔바로 뒤에서 제시되는〕 여러 유형들의 간략한 파노라마 속에서 우리가 확인할 수 있듯, 유지하기〔지켜내기〕 매우 어려운 주장이다.

◆◆ '노동-가치'라는 용어를 피하기 위해 비데가 사용한 원어 '가치의 노동 이론'théorie travail de la valeur을 '노동가치론'théorie de la valeur-travail으로 이해해도 무방할 것이다.-옮긴이

◆◆◆ 모든 오해를 피하기 위해 **사전에** 한 가지 사항을 간략히 **상기**해보도록 하자. 알려져 있다시피, 마르크스의 테제는 **노동**이 아니라 **노동력**이 '가치를 소유'한다는 것이다. 그러므로 '노동가치론'théorie de la valeur-travail이라는 표현은 정반대로 이해될 수 있다. 하지만 영어에서 labour theory of value가 정착되었듯 프랑스에서도 오해를 낳을 수 있는 이 표현이 정착되었다. 우리는 또한 이러한 의미에서 '**마르크스적** 가치론'théorie marxienne de la valeur이라는 표현을 쓰기도 한다.《일반이론》에서 나는 이 '마르크스적 가치론'을 '사용-노동 가치론'théorie travail-usage de la valeur이라고 지시했다. 이 '사용-노동 가치론'은 상품적 맥락 내에서 **노동**과 **사용가치** 사이의 사회적 관계(생산물에 '가치'를 부여하는)를 대상으로 한다. 하지만 나는 조금은 난삽한 이 용어를 포기했는데, 그렇지만 이 용어가 포함하는 아이디어는 그대로 보존하고 있다. 마르크스적 이론화는 각자가 최소한의 시간 내에 자신의 상품을 생산하도록 강제하는, 수요와 공급의 변화에 따른 '가격'의 변동—이는 사용가치들 사이의 균형을 이루려는 경향과 연결되어 있다—을 논의에서 제외한다면 '가치'가 평균적 조건들 내에서 결정되는, 경쟁적 관계 내 생산이라는 추상적 맥락을 함축하고 있다. 마르크스적 이론화는 이러한 관계 내에서 자신들을 자유롭고 평등하며 합리적이라고 스스로 간주하는 교환자-생산자들의 추상적 세계를 전제한다. 바로 여기에 '노동력' 상품—노동자에 의한 이 '노동력' 상품의 '지출'은 자본가에 의한 그 '소비'(노동력의 가치보다 더욱 큰 가치로서 잉여-가치를 생산하는 소비)를 자신의 상관항으로 가지게 된다—이 (이 소책자의 한 장에서 우리가 다루었던, 인정도 자비도 없는 계급투쟁 속에 존재하는 '계약'의 조건들로부터) 등장하는 이론적 구축의 계기 속에서 '구체화'되는 생명정치(학)의 '추상적' 선전제들présupposés이 존재하고 있다.

1. 경제주의

《자본》에서 우리는 하나의 이중적 역설과 마주하게 된다. 《자본》 3권의 1장에서 5장에 걸쳐 마르크스가 설명하듯, 자본주의의 합리적 실천이라는 의미에서 '경제과학'은 노동가치론도, 노동가치론과 결부되는 잉여-가치론도 전혀 필요로 하지 않는다. 왜냐하면 자본주의적 행위자는 그 계산에서 임노동제 관계rapport salarial를 착취 관계가 아니라 교환 관계로 간주하는 것으로 만족할 수 있기 때문인데, 바로 이것이 이 자본주의적 행위자가 행하는 것이다. 이 자본주의적 행위자의 '착취 계정'comptes d'exploitation은 마르크스적 착취 개념을 필요로 하지 않는다. 게다가 자본가는 계산을 위한 자신의 조작적 범주들이 착취를 비가시화하면 할수록 착취를 더욱 잘 수행하게 된다. 그리고 이 역설은 마르크스적 경제학 연구자가 스스로의 연구에서 사적이고 공적인 회계들, 즉 마르크스적 의미에서의 '가치'가 절대로 등장하지 않는 회계들 안에 등장하는 자료들 이외의 것은 참조할 수 없다는 사실 속에서 배가된다. 바로 이 회계 자료들에서 출발함으로써만 마르크스적 경제학 연구자는 자본가들의 논리와 이 자본가들을 지탱하는 국가장치들을 분석할 수 있고, 또한 마찬가지로 위기와 이 위기로부터 탈출할 전략을 분석할 수 있다. 이로부터 마르크스적 가치론에 대한 준거를 포기하고자 하는 유혹이 생겨날 수 있다. 그리고 실제로 많은 이들이 스스로를 마르크스주의의 후계자라고 간주했음에도 불구하고 이러한 유혹에 굴복하고 말았다. 특히 나는 1970~1980년대에 활동했던 (그람시의 가까운 친구이던) 피에로 스라파Piero Sraffa의 신-리카도주의적 후예들 혹은 조절이론가들을 떠올리고 있다.◆ 시간적으로 우리와 더욱 가까운 이들을 떠올려본다면, 토마 피케티Thomas Piketty 같은 저자들 역시 마찬가지이다. 이러한 사유 과정démarche은 경제는 케인스에게로, 사회-정치는 마르크스에게로 작업을 분할하는 것에 기초하는 마르크스-케인스주의의 형태 또한 취할 수 있다. 이러한 분석들도 분명 자본주의에 대한 비판에 기여한다. 하지만 여기에는 '노동-가치'와 '잉여-가치' 관점에서의 이론화만이 가져올 수 있는 바, 즉 '경제적' 관계의 **무매개적으로**immédiatement 정치적인 차원이라는 본질적인 한 부분이 결여되어 있다. 이것이 결여되어 있기 때문에, 정치적인 것은 외부로부터만, 또 다른 개념들의 작용으로부터만, 다시 말해 절충주의적 방식으로만 개입해 들어올 수 있다. '이론'은, 그것이 두 개의 이론들로, 그러니까 하나는 경제를 담당하고 다른 하나는 정치를 담당하는 두 개의 이론들로 분열될 때 약해진다. 마르크스는 새로우면서도inédit 근본적/급진적인 의미의 '정치-경제'를, 그러니까 하

◆《일반이론Théorie générale》, PUF, 1999, 921절, '조절이론', 430~443쪽을 참조. (조절학파가 주장하는) 노동가치론에 대한 '무력화'neutralisation가 어떻게 조절이라는 관점 자체의 접근에서도 정치적 차원을 무력화하는지에 대해서는, 특히 438쪽 이하를 보라[프랑스어로 '조절이론'은 la théorie de la régulation, '조절'은 régulation이며, 아래에서 등장하는 비데의 용어 '조정'은 coordination을 번역한 것이다].

나의 실사substantif와 하나의 형용사adjectif가 아니라 〔동등한 지위를 가지는〕 두 개의 실사를 결합하는 통사론의 의미에서 '정치-경제'〔또는 '경제-정치'〕를 제시한다. 이를 통해 마르크스는 우리로 하여금 이론과 실천이라는 하나의 쌍을 주조할 수 있도록 하는 새로운inédit 의미를 이 '이론'이라는 용어에 부여한다. 이는 마르크스의 이론이 참임을 뜻하는 것이 아니라, 이를 통해 마르크스가 우리가 그 이편으로 다시 퇴보해서는 안 되는 그러한 문턱을 확립함을 의미한다.

우리가 가지게 되는 역설은, 우리가 근본적/급진적인 반反경제주의적 신념을 가지면서도 동시에 《자본》에 대한 경제주의적 독해를 행할 수 있다는 점이다. 이 《자본》이라는 저작은 물론 경제를 다루지만, 그 용어의 통상적 의미에서 하나의 '경제학 교과서'는 전혀 아니다. 또한 《자본》은 단순히 하나의 '정치경제학 비판'을 표상하는 것도 아니다. 그렇기 때문에 "정치경제학 비판"이 《자본》의 제목이 아니라 부제인 것이다. 마르크스가 자신의 저작의 제목으로 선택한 "자본"Le Capital이라는 표현은, '자본주의'라는 널리 사용되는 표현으로도 역시 번역될 수 있는 '자본주의적 생산양식'이라는 개념을 요약적으로 지시한다. 하지만 이 '자본'이라는 공포스런 **이름**은 하나의 역사적이고 사회적인 힘을 지시하는 준-의인화quasi-personnification의 함의를 지니고 있다. 더욱 넓게 보면, 이 '자본'은 다양한 의미들과 공명하는 하나의 단어인데, 왜냐하면 바로 이 단어에 내가 위에서 상기시켰던 (경제적, 정치적 등등의) 다양한 차원들이 얽히고설켜 있기 때문이다. 분명 1859년 《정치경제학 비판을 위하여: 1분책》의 그 유명한 서문에서부터 (확정적으로) 고정된 개념들을 통해 말하자면, 《자본》은 '정치적 상부구조'와 대립되는 '경제적 하부구조'를 규정된 대상으로 취한다. 이로부터 이 《자본》이라는 저작을 '경제적 메커니즘들'을 다루는 하나의 '경제학'으로 만들어버리고자 하는 유혹이 생겨난다. 하지만 '상부구조'를 '하부구조'에 내포impliquer시키지 않고서 '하부구조'를, 그러니까 (결국 '하부'와 '상부'의 절합인) '구조'를 다루는 일은 가능하지 않다. 《자본》에서 분석된 바로서의 '생산양식'은 물론 하부구조이지만, 이 하부구조는 자본주의적인 국가적-계급적 '구조'와 자기 자신이 맺는 관계 내에서의 하부구조이다.✦

몇몇 마르크스주의 경제학자들은 이러한 지점에서 《자본》 1권의 맨 앞 편들이 철학자들의 관심과 사회과학 이론가들의 관심을 양극화했다[서로 반대 방향으로 나아가게 만들었다]는 점에 놀라곤 한다. 사실 《자본》의 가장 큰 면적을 차지하고 있는 경제적 분석은 마르크스의 프로그램에서 단지 한 부분을 표상하고 있을 뿐이다. 경제적 분석은 《자본》의 첫 번째 세 개 편들에서 역설적으로 표현되는 더욱 넓은 설계도dessein—다음에 이어질 저서를 위한 개요가 아니라 시작점commencement 그 자체로서의 설계도—안에 기입된다. 이러한 사실로 인해, 《자

✦ 반복적으로 등장하는 비데의 개념인 '국가적-계급적 구조'의 원어는 structure de-classe-et-d'État이다.-옮긴이

본》의 핵심 개념들이 다음에 이어지는 설명에서 정치적 함의connotation를 보존하게 된다(하지만 이는 일반적 의미에서만 그러한데, 다른 저서들도 그렇겠지만 《자본》 2권은 또 다른 하나의 차원에 속하기 때문이다). 마르크스적인 경제학적 개념들은 자신들의 '경제적' 질〔특성〕을 전혀 상실하지 않으면서도 내재적으로 정치적이다. 이는 하나의 정치이론—물론 〔깊이 있게〕 발전되지는 않은—이 《자본》에 존재하고 있음을 의미한다. 다시 말해, 하나의 국가이론이 근대적 계급구조 이론에 내재하고 있는 것이다.[✦✦] 계급관계는 국가-계급-관계rapports-de-classe-et-d'État이

✦✦ 심지어 국가 이론은 《자본》 1권 1편에서부터 전개되기 시작한다. 《자본》 1권 1편에서 우리는 여전히 자본주의적 생산관계 그 자체에 도달하지는 못했지만, 이미 자본주의적 생산관계의 메타구조적이고 상품적인 놓아진-선전제 속에 위치해 있다('메타구조적이고 상품적인 놓아진-선전제'는 présupposé-posé métastructurel marchand을 옮긴 것으로, 비데의 저서에서 반복적으로 사용되는 개념이지만 이 책의 분량상 본문에는 등장하지 않았던 표현이다. 이 표현의 번역어 선정이나 의미 등에 대해서는 차후에 논의가 더 필요할 것으로 보이는데, 번역어에 대해 간단히만 언급하고 넘어가려고 한다. métastructure는 직역하여 '메타구조'로 옮겼고, présupposé는 '이미 전제되어 있음'을 의미하는 까닭에 '선전제'로 옮겼다. 비데의 다른 글들을 검토해본 결과 posé는, 한국어 표현상 다소 어색하더라도 '놓아진'이라고 옮기는 것이 가장 적절하다고 판단했다. 물론 이 '메타구조적이고 상품적인 놓아진-선전제'는 비데의 독특하면서도 엄밀한 마르크스 독해로부터 논리적으로 도출된 개념이므로 이에 대해서는 앞으로 더욱 심도 깊은 논의가 필요할 것으로 보인다). 이러한 추상 수준에서 마르크스는, 계급관계로서의 정치적인 것의 이편에〔즉 미달하여〕 **그 자체로** 존재하는 하나의 메타구조적 국가이론을 정식화한다. 《일반이론》, 3장 〈메타구조적 국가〉, 111~131쪽을 참조하라.

다. 정치이론은 〔계급관계의〕 이후après-coup를 기다려서는 안 되는데, 왜냐하면 정치이론이 이미 이곳에〔즉 계급관계에〕 존재하고 있기 때문이다. 심지어 이 계급관계는 정치이론 안에 '징후적' 형태로 존재하는데, 왜냐하면 정치이론이 노동-가치와 잉여-가치 전체에 자신의 개념적 표지를 남기기 때문이다. 이 책에서 나는 어떠한 방식으로 그러한지를 보여주고 그 결과를 제시하고자 했다.

2. 사회학주의

또 다른 유혹은, 이와는 정반대로 이러한 경제적 차원을 무시하고자 하는 것이다. 세계 사회주의의 위기와 평행하게 진행된, '마르크스주의'라는 이름의 체제들의 붕괴 혹은 전환에 뒤이은 거대한 혼란 속에서, 몇몇 세대들의 지평에서는 자본주의 이후 세계의 도래를 예고하는 것처럼 보였던 마르크스주의는 패배를 인정하고 도망쳐야 했다. 우리는《자본》의 개념적 출발점point de départ을 추상〔제거〕하는《자본》 독해 방식이 확산되는 것을 목격했다. 이에 따라 우리는, 착취를 노동가치론에 준거하지 않으면서, 노동자에게 가해지는 **폭력tourmente**을 착취라고 말하게 되었다. 따라서 여기에서 결여되어 있는 것은 개념의 엄밀성이다. 그리고 이러한 〔개념적〕 희미함은 '누가 누구를 착취하는지'를 규정해주는 분석도 허락하지 않으며, 착취와 축적 사이의 관계를 적절하게 정립하도록 해주지도 않는다. 이는 정치적 전략의 정교한 구성에 본질적인 질문들이 단순한 것이라는 점을 전혀 의미하지 않으며, 대신 우리들이 바로 이 지점에서 출발해야만 그 질문들에 접근할 수 있음을 의미한다. 다른 무엇보다도 바로 이것이 내가 명확히 밝혀내고자 하는 바이다. 순수하게 사회학적이며, 도덕적 함의를 지니는 범위가 규정되지 않은, **과잉 착취** 혹은 노동자에게 요구된 '과도함'으로 이해된, 일상적 언어의 수준에서 기능하는 착취 개념에 대한 이러한 빈약한 활용은 이에 대해 더욱 많은 것을 말해야 할 필요가 있을 정도로(무시할 수 없을 정도로) 상당히 확산(일반화)되었다. 우리는 이를 저널리즘적인 사회 비판 안에서, 그리고 노동조합의 담론 안에서 발견할 뿐만 아니라 학술적 담론 안에서도 발견한다. 특히 우리가 '위대한 스승'이라고 간주할 수 있는 이들에게서조차 말이다. 예를 들어, 푸코는 바로 이러한 의미로 착취에 대해 말한다. 푸코가 공장 내에서의 착취에 대해 언급할 때, 그는 이 착취를 전혀 '노동-가치'의 관점에서 사고하지 않는다. 자신의 방식대로 '역사유물론'을 재구성하는 하버마스는 가치에 대한 마르크스적 개념notion에 준거하지 않고서 자본주의를 기술한다. 마르크스를 무시하는 경향을 가지고 있지 않은(그리고 마르크스의 유산 일부분을 수용하는) 부르디외조차 '착취'를 '지배'로 명백히 대체했다. 그리고 부르디외는 이러한 자신의 흔적을 현대 사회학에 남겨놓았다. 몇몇 저자들은 이 착취라는 용어가 경제주의적 관점과 너무 단단히 연결되어 있다고 판단하여 이 용어 자체를 피해버린다.

마르크스가 '생산관계'라 정의했던 바에 대한 이러한 통속화banalisation는 또한 '인정'reconnaissance에 대한 연구들과도 연관될 수 있다. 이는 우리가 자본주의적 맥락 내에서 노동자의 비-인정을 분석할 때 그러하다. 악셀 호네트Axel Honneth의 작업이 보여주듯 '인정 이론'은 분명 그 이론 자체의 논리에 따라, 그 이론 고유의 개념들 전체와 함께 발전되어야 한다. 하지만 그럼에도 이 인정 이론은 〔분명〕 마르크스의 문제 설정 내에서 자신의 자리를 온전히〔정당히〕 유지하고 있다. 따라서 우리는 인정 이론을 마르크스의 문제 설정에 대한 하나의 **대안적** 이론으로, 혹은 이와 평행하게, 완전히 독립적인 하나의 이론으로 제시할 수는 없다. 왜냐하면 우리가 이미 보았듯, '노동-가치와 잉여-가치'의 맥락에 의해 정의된 경제-정치-법률적 조건들 바로 그 속에서 **인정에 대한 현대적 기대attentes modernes de reconnaissance**가 형성되기 때문이다. 이러한 의미에서 나는《자본》의 노동일에 대한 장을 분석함으로써 어떻게 이러한 유물론적인 마르크스적 개념성이 인정 이론 전체의 중심축을 형성하는 '메타구조적 호명'—마르크스가 말하듯, 차티스트주의자의 '외침'에 응답하는, 공장 내에서 울려 퍼지는 하나의 '목소리'—이라는 하나의 개념을 포함하는지 보여주었다.

3. 정치주의

본질적으로 **정치적인** 〔판본의〕 마르크스에 준거하는 방식〔즉 정치주의〕 또한 일반화되었다. 이 정치주의에서 우리는, '노동'의 가치에 대한 이론에 준거하는 가장 핵심적인 마르크스의 '경제적' 개념들을 참조하지는 않으면서, 자본주의적 착취, 노동의 자본에 대한 종속, 세계적 차원에서의 신자유주의 권력의 축적을 〔단지〕 **상기시키기évoquer** 위해 이러한 마르크스의 권위를 원용한다. 간단히 말해, 우리는 《자본》 없는 마르크스를 축성consacre하는 것이다. 예를 들어 이는 에르네스토 라클라우Ernesto Laclau와 샹탈 무페Chantal Mouffe가 주장했던 류의 좌파 포퓰리즘의 경우이다. 이 저자들은 '역사〔주의〕적 마르크스주의자'인 그람시를 원용하는데, 우리는 알튀세르가 그람시의 정치적 상부구조에 대한 정교한 구성에 경탄했으면서도 그를 하부구조를 망각했다는 이유에서 비난했다는 점을 이미 잘 알고 있다. 다시 말해 알튀세르는, 그람시가 경제적 현실들〔그 자체〕을 과소평가했다고 그를 비난하는 것이 아니라, 그람시가 〔경제적 현실들이라는〕 이 본원적 차원, 그중에서도 특히 착취—노동-가치와 잉여-가치 사이의 관계 속에서 정의될 때의 그 정확한 의미에서의 착취—의 차원 속에서 마르크스가 정교하게 구성했던 개념들에 무관심한 채로 남아 있었다는 점에서 그를 비난하는 것이다. 라클라우와 무페는 그람시의 이러한 경향을 극한으로 밀어붙인다. '급진적'이라 불리는 어떠한 좌파 집단들의 라클라우와 무페 수용은, 라클라우와 무페의 사상이 이미 반세기나 낡아버렸지만 여전히 유사한 채 남아 있는, 자신의 DNA 속에 하나의 요소로 마르크스주의의 기억을 간직하고 있지만 이에 대한 빈약한 활용만을 행할 뿐인 '신좌파'의 정신 속에 놓여 있음을 명확히 보여준다.

특히 이는 몇몇 '좌파 포퓰리즘' 당파들이 원용하는 무페의 후기 저술들에 해당한다. 무페에게서 자본과 노동 사이의 적대는, 성 혹은 섹슈얼리티 사이에, 종교들 사이에, 민족들ethnies 사이에 혹은 지역들 사이에 존재하는 다른 적대들 중 하나로 이해되며, 자본과 노동 사이의 적대는 이 다른 적대들과 동일한 방식으로, 즉 민주주의적 포퓰리즘의 틀 내에서 '적'ennemis을 '맞수'adversaires로 변형하는 방식으로 다루어져야만 한다. 그렇기 때문에 '적대'antagonisme가 '경합'agonisme으로, 다시 말해 결국에는 자본주의를 표방하는 이들과 사회주의를 표방하는 이들 사이의, '자유'만을 인식하고 싶어 하는 우파와 (특히 생산물에 대한 더 나은 '분배'를 통해) 평등 또한 옹호하며 자신의 평등주의를 성이나 '인종' 등등으로까지 확장해야만 하는 좌파 사이의 갈등으로 형태변환métamorphose된다. 분명 경제적 과정은 이러한 성찰의 배경으로 등장하지만, 이 경제적 과정은 그 모든 성찰이 순수하게 정치적인 개념들의 작용을 통해서만 전개되는 '정치적인 것의 사상가들'의 프로그램에는 속하지 않는다. 이들에게서 하부구조는 정치 그 자체로부터 사라져버린다. 이로 인해 계급과 국가라는 두 항 사이의 절합으로서의 (국가적-계급적) '구조'라는 개념notion조차 사라져버린다. 2011년에 무페가 제시한 설명에 따르면, '사회적인 것(은) 하나의 담론적 공간으로 개념화된다'the social (is) conceived as a discursive space. 그리고 '사회적 질서'는 하나의 언어와 같이 구조화된다.◆ 따라서 그는 다른 구조들을 탐구할 필요가 없다. 바로 이렇게, 엄밀한 의미의 '**포스트**-구조주의적' 길이 확립되는 것이다. 그리고 정치는 허공에서〔즉 구조나 토대 없이〕 전개된다. 궁극적으로 이는 무페에게 자유와 평등 사이의 모순이라는 정치의 중심적 역설로 가정되는 바를 현대화하고 확장하는 작업이다. 그러나 이와 반대로 이 소책자에서의 나의 야심들 중 하나는 마르크스의 '정치'가 평등과 동일한 만큼의 **자유** 또한 함축하고 있다는 점을, 그리고 이러한 마르크스의 이론이 뿌리내리고 있는 곳인 '경제적'이라고 말해지는 개념들이 (**현대**라는 정치적 맥락에 고유한 것인) 자유와 종속servitude과 함께, **현대**라는 정치적 맥락을 전제하고 있다는 점을 보여주는 것이다.

◆ *Hegemony and Socialist Strategy*, London: Verso, 2011(2판) 서문인 X쪽을 참조하라. 프랑스어판으로는 *Hégémonie et Stratégie socialiste*(La Découverte, 2005)를 참조〔한국어판으로는 샹탈 무페·에르네스토 라클라우, 《헤게모니와 사회주의 전략》, 이승원 옮김, 후마니타스, 2012를 참조〕. 여기에서 제안된 "존재론"은 "담론적 공간으로 간주된 사회적인 것에 대한 하나의 개념화"이다(프랑스어판의 22쪽). 이는 바로 "사회적 구조를 구성하는 담론들"이다(프랑스어판의 26쪽).

4. 비교주의Ésotérisme

내가 '비교 학파' 혹은 '비판요강Grundrisse 학파'의 방식이라고 지시하는, 마르크스의 '정치경제학'에서 도망치는 또 다른 방식이 하나 더 존재한다. 이 접근은 정당하게도 경제주의적 독해들뿐만 아니라 논리-역사적 독해들에도 반대했던 헬무트 라이헬트Helmut Reichelt와 한스-게오르크 박하우스Hans-Georg Backhaus로 거슬러 올라간다.◆ 이 접근은《자본》내에 두 가지 방향 설정〔지향성〕이 존재한다는, 그러니까 두 가지 가능한 독해들이 존재한다는 관념에 토대를 두고 있다. '리카도적'이라고 가정되는 한 가지 독해는 노동-가치에 기반한,《자본》의 가장 마지막 판본에 대한 독해이다.《비판요강》내에서 정식화된, 더욱 심원한 것으로, 즉 '비교적'ésotérique이라고 간주되는 다른 한 가지 독해는 화폐와 그 추상(화)abstraction에 기반한 독해이다. 그렇지만 내가 볼 때 사실은 이 독해의 주장과 완전히 정반대인 것 같다.《비판요강》에서 화폐는, 노동시간에 의한 가

◆ 한스-게오르크 박하우스의《가치형식의 변증법: 마르크스주의 경제학 비판 연구Dialektik der Wertform. Untersuchungen zur marxistischen Ökonomiekritik》(Freiburg: Verlag, 1997)를 참조하고, 헬무트 라이헬트의 선구적 저서《카를 마르크스 자본 개념의 논리적 구조Zur logischen Structur des Kapitalbegriff bei Karl Marx, Europäische Verlagsanstalt》(Frankfurt am Main: Verlag, 1970)를, 그중에서도 41~66쪽을 참조하라. 또한《새로운 마르크스 독해Neue Marx-Lektüre》(Hamburg: VSA Verlag, 2008)에서 특히 6장〈승인과 수용의 통일로서의 자본, 화폐Kapital, Geld als Einheit von Geltung und Akzeptanz〉도 참조하라. 이 텍스트들에 대한 논의로는, 나의 저서《《자본》에 대한 설명과 재구성》68~73쪽을 보라.

치의 결정이 화폐에 대한 분석에서 명확히 등장하는, 하지만 이 분석 내에서 이론적 시작점의 자리를 차지하지는 않는 그러한 〔개념적 혹은 이론적인〕 시초적initiale '밑그림'ébauche에서 최초의 것으로 도래하는 것이 분명 맞다. 하지만 만일 마르크스가 《자본》에서는 이러한 설명exposer의 방식을 교정한다면, 이는 그가 상품 **유통**이 형성하는 보편적 그물망으로서의 **화폐 이편에서** 사회적 논리로서 상품**생산**의 과정을 결국 발견해냈고, 노동력 자체를 노동력의 **상품**생산적 작용exercice의 생명적-사회적 특수성 내에서 식별해냈기 때문이다. 따라서 《자본》 1권 1편 1장의 저 유명한 3절 '가치 형태'는, 라이헬트가 생각하는 것과는 달리, 패러다임의 변화를 전혀 지시하고 있지 않다. 정반대로 마르크스의 입론은 1절과 2절의 용어들〔혹은 조건들〕 즉 노동-가치의 용어들, 다시 말해 상품경쟁의 맥락 내 노동력의 생산적 **지출dépense**의 용어들에서 그 자체로 정의된 **가치** 개념 위에 **화폐** 개념을 정초하는 것이다.⧫⧫ 따라서 마르크스는 하나의 이론에서 다른 하나의 이론으로 이동하는 것이 아니다. 오히려 마르크스는 철학자-주석가들—이들은 마르크스가 자신의 사유를 투여했던 **이론적** 개념성보다는 (자신들의 일용할 양식인) **철학적** 요소에 더 관심을 기울인다—보다 경제학자들이 분명 훨씬 더 쉽게 개념화하는 **상품생산**의 논리라는 '추상적' 개념에 자신의 모든 이론적 유효범위를 부여한다.

프랑스에서는 장-마리 벵상Jean-Marie Vincent을 통해 큰 영

⧫⧫ 나는 이 지점들에 대해 특히 《《자본》에 대한 설명과 재구성》 62~68쪽에서 자세히 논증했다.

향력을 발휘했으며, 마찬가지로 이탈리아에서도 폭넓게 수용되었던 이러한 해석은 잡지 《크리시스Krisis》를 중심으로 '신가치비판'Neue Wertkritik 학파를 구성한 모이쉬 포스톤Moishe Postone✦, 로베르트 쿠르츠Robert Kurtz, 안셀름 야페Anselm Jappe 등이 수행한 작업들에 의해 지난 몇십 년 사이 영향력을 되찾게 되었다. 마르크스가 '가치'를 상품적 합리성의 한 범주로 형성했던 지점에서, 포스톤은 이 '가치'를 사용가치와 순수하게 모순적인 것으로, 그리고 포스톤 자신의 왕국에서는 인간적 조건을 취하는 순수한 '추상'으로 개념화한다. 포스톤을 따른다면 잉여-가치의 비밀은 가치 자체에 담겨 있을 것이며, 이 가치의 본질 자체는 바로 스스로 가치화하는 것se mettre en valeur일 것이다. 그러므로 포스톤에게 우리를 담지하는 거대한 역사적 힘은 포스톤의 스승 루카치György Lukács가 믿었듯 〔대문자〕 '프롤레타리아'인 것이 아니라, 이 순수한 추상으로서의, 스스로 가치화하는 것으로서의 가치와 전혀 다를 바 없는 〔대문자〕 '자본'일 것이다. 마르크스 그 자신의 사상인 양 보란 듯이 제시되는 《자본》에 관한 이러한 '포스톤적' 판본은 문헌학적으로 모든 면에서 자의적이다. 하지만 이 '포스톤적' 판본은 '착취' 그 자체—이 '착취' 자체에 대한 전통적인 '산업적' 이미지는 모든 것이 시장인 이

✦ 《시간, 노동 그리고 사회적 지배: 마르크스의 비판이론에 대한 하나의 재해석Temps, travail et domination sociale: Une réinterprétation de la théorie critique de Marx》(Paris: Mille et une Nuits, 2009)를 참조. 독자들은 포스톤에 대한 나의 비판을 〈모이쉬 포스톤이 독해한 마르크스의 《자본》: 연금술인가 점성술인가?Marx's Capital, as read by Moishe Postone: Alchemy or Astrology?〉(《대륙의 사상과 이론Continental Thought and Theory》, 2017년 10월)에서 읽을 수 있다.

세계 속에서 하나의 일회용 상품에 불과한 것이 되어버린 이들이 겪게 되는 직접적 경험과는 〔이제는 상당히〕 동떨어지게 되었다—보다는 자본주의의 공허함vacuité과 부조리함absurdité에 더욱 민감한 세대와 사회 계층에 광범위하게 퍼져 있는 감정에 응답한다. 이 '포스톤적' 판본이 대학 캠퍼스〔즉 '아카데미'〕 내에서 광범위하게 수용되었다는 사실에 놀랄 필요는 전혀 없다. (곧 확인하게 되겠지만) 이 '포스톤적' 판본에만 고유한 것은 전혀 아니지만 이 '포스톤적' 판본이 가장 강한 정도로 보여주는 하나의 본질적 약점은, 마르크스의 이론을 특징짓는 삼원적 **추상 수준niveaux d'abstraction**의 시퀀스를 이해하지 못하는 무능력이다. (1) 노동 일반의 수준, (2) 상품적 조건 내에서의 노동 수준, (3) 자본주의적인 상품적 조건 내에서의 노동 수준. 포스톤은 하나를 다른 하나로 지속적으로 오해한다. 우리는 '가치'를 말할 때 그것이 마르크스가 부여했던 의미에서의 '사용가치'인지 '가치'인지조차도 파악하기 힘든 인물인 안토니오 네그리Antonio Negri에게서 존재하는 유사한 〔이론적/개념적〕 희미함을 동일하게 발견한다. 이러한 조건들 속에서, 《자본》은 수수께끼 같은 재활용 양피지가 되어버린다.◆◆ 이것이 그 어떠한 정치에도 도달하지 못한다고만 비판하는 것은 오히려 사태를 축소시키는 것이기까지 하다. 그리고 다른 어떠한 질문들보다도, '자본주의를 폐지'하는 것이 또한 '시장을 폐지'하는 것을 의미

◆◆ '재활용 양피지'는 palimpseste를 옮긴 것으로, 프랑스어에서 이는 썼던 글을 다시 지우고 쓰기를 반복한, 재활용된 양피지를 뜻하며, 수정을 너무 많이 가해 처음과는 알아보지 못할 정도로 달라진 작품 또한 비유적으로 의미한다.-옮긴이

하는 것이기도 한가라는 질문이 제기된다.◆ 이러한 이유를 고려해, 나는 '추상에서 구체로'd'abstrait en concret라는 시퀀스 속에서 마르크스가 자신의 논의를 진행시켰던 방식, 알튀세르가 그토록 강조했던 마르크스의 그 방식을 각별히 강조하고자 한다. 설명exposé의 **시퀀스** 내에서 개념들의 자리는 그 개념들의 정당한 활용을 정의한다. 이 개념들은 개념들이 구성하는 **건축(술)적인 것**l'architectonique 내에서 자신들의 위치를 규정하는데, 바로 이 위치에서 출발해 이론은 구체적 실재le réel concret를 파악하고자 한다.◆◆ 포스톤은 이러한 제약을 무시함으로써 마르크스의 입론을 비일관된 하나의 변증법 내에서 증발시켜버린다. 이로 인해 포스톤은 사회적 투쟁은 본성적으로 공허하고 〔자본주의의〕 궁극적 내파implosion가 이미 예정되어 있다는 관념에 도달한다.

◆ 참고로, 다른 마르크스주의자들과는 달리 비데는 '시장'과 '조직'이라는 두 극의 존재 모두를 긍정하기 때문에 이러한 주장에 반대한다. 비데의 관점에서는 '시장'을 폐지하고 '계획화'를 통해 '조직'을 강화한 것이 바로 실패한 실험으로서 역사적 사회주의가 내세우는 '관료제'의 핵심이다.–옮긴이

◆◆ 이에 대한 최상의 설명으로는, 던컨 K. 폴리의 《《자본》의 이해》(강경덕 옮김, 유비온, 2015)와, 제라르 뒤메닐·마이클 뢰비·에마뉘엘 르노의 《마르크스를 읽자》(김덕민·배세진·황재민 옮김, 나름북스, 근간)의 3장 〈경제편〉(뒤메닐 지음)을 보라.–옮긴이

5. 변증법주의

신변증법New Dialectic은 신가치비판과 친화성을 지닌다. 신변증법은《자본》을 헤겔의《대논리학》에 비추어 해석한다. 그리고 이는 서로 양립 불가능한 다양한 모델들에 따라 행해지는데, 이것이 이 다양한 모델들로 하여금 (동일한 철학적 참조를 행한다는 의미에서의) 하나의 '과학적 공동체/합의'communauté scientifique를 형성하지 못하도록 가로막지는 않는다. 나는 우노 고조Uno Kozo와 그의 뛰어난 제자이자 그의 주저를 번역한 토머스 세킨Thomas Sekine에 대해서는 다루지 않겠다.♦♦♦ 오늘날 가장 잘 알려진 변증법주의의 대표자인 크리스토퍼 아서Christopher J. Arthur♦♦♦♦ 또한 위에서 언급한 저자들 및 이 변증법주의와 유사

♦♦♦ 우노 고조Uno Kôzo,《정치경제학의 원리: 순수하게 자본주의적인 사회에 관한 이론Principles of Political Economy, Theory of a Purely Capitalist Society》(Tokyo: Keizai Genron, 1964, Brighton: Harvester, 1980). 다른 여러 문제들 가운데에서도, 고조는 헤겔적 논리에서 영감을 얻어《자본》1권 1편을 '유통'에 관한 편으로 이해하는 데 적절한 하나의 설명을 생산하려 시도한다. 나는 이미 이에 대한 비판을 제시한 바 있다.〈우노 고조와 그 학파, 자본주의에 관한 하나의 순수 이론Kôzo Uno et son école, une théorie pure du capitalisme〉(《마르크스의 현재성Actuel Marx》, 2호, 1987).《현대 마르크스 사전Dictionnaire Marx Contemporain》(PUF, 2001, 473~484쪽)에 다시 실림(영문판으로는 자크 비데·스타티스 쿠벨라키스Stathis Kouvélakis 편집,《마르크스주의를 위한 비판적 지침서Critical Companion to Contemporary Marxism》, Leiden: Brill, 2008, 729~740쪽을 참조).

♦♦♦♦《신변증법과 마르크스의《자본》The New Dialectic and Marx's *Capital*》, Brill, 2002. 이에 대한 나의 비판으로는〈변증론자의《자본》해석The Dialectician's interpretation of *Capital*〉(《역사유물론Historical Materialism》, 13호, Brill, 2005) 참조.

한 영역에 속하는 다른 저자들과 같이 마르크스가 이후에는 포기했던 변증법적 범주들을 폭넓게 활용하면서, 마르크스의 설명에 대한 가장 낡은 판본을 특권화시킨다. 분명 이들에게는, 마르크스가 하나의 판본에서 다른 판본으로 자신의 텍스트를 수정했던 것이, 스스로 이에 대해 불만족스러워했기 때문이었음을 이해하지 못하고 있다(이 불만족의 이유를 마르크스가 직접 제시하지는 않는데, 이를 찾는 것은 우리의 몫이다). 결국 핵심 관념(아이디어)에서는 아서와 포스톤이 동일하다. 하지만 아서는 포스톤보다는 더 엄격한, 그리고 특히나 관념론적인 헤겔주의의 형태로 이 핵심 관념을 발전시킨다. 따라서 아서는 **가치** 개념이 **자본**이라는 포괄적global 개념의 한 계기에 불과하다는 주장을 제시하며, 그래서 그에게 가치 개념은 설명의 끝에 다다라서야 그 의미를 취하게 된다. 가치 개념은 그 자신을 자기-전개auto-développement로 밀어붙이는 내적 충동pulsion interne, 즉 **드라이브drive** 아래에서 스스로 전개될 것이다.✦ 그러므로 아서는 논리-역사적 접근법의 특이한 한 변형태를 제시하는 것이다. **가치**가 **자본주의의 승리**와 함께할 때에만 완전히 존재하게 된다s'affirmer는 사실에 의지하면서, 아서는 이로부터 **가치 개념이 자본에 대한 완벽한complet 설명**에 도달하기 전에는 완전히 전개되지 않는다는 점을 추론할 수 있다고 믿는다. 그런데 마르크스의 의도는 전혀 다르다. 마르크스는 상품생산 논리(즉

✦ 물론 여기에서 '전개'는 모두 développement의 번역어이며, '전개'와 '발전'을 동시의 의미하는 단어이다. 하지만 변증법과 관련해서는 '전개'라는 번역어가 더 일반적이기 때문에 굳이 '전개/발전'이라고 번역하지는 않았다.-옮긴이

L2)의 합리성이 자본주의적 생산양식(즉 L3) 내에서 어떠한 방식으로 도구화되는지 보여주기 위해 이 상품생산 논리의 합리성을 **완벽히**complètement 설명하는 것에서 시작한다. 만일 사태를 이러한 방식으로 이해하지 않는다면, 우리는 포스톤이 그러했던 것처럼, (대문자) 자본의 고유성으로서의 모든 질병들pathologies을 시장의 탓으로 돌리는 경향을 지니게 되고 말 것이다. 그렇게 되면 이때부터 우리는 **시장** 그 자체로 인한 것이 아니라 생산수단의 사적 전유에 의해 도구화된 시장으로서의 자본주의로 인한 이 근본적 파괴성destructivisme을 이해할 수 없게 된다. 결국, 비교주의·변증법주의와 동일하게 논의를 진행해 나감으로써, 우리는 어떤 의미에서는 이론을 철학 속에 익사시켜버리게 되고, 이 이론은 인식론적이고 비판적인 요인으로서의 중심을 차지하는 대신 하나의 굴레(속박)가 되어버린다.✦✦

✦✦ 헤겔이 아니라 스피노자(프레데릭 로르동Frédéric Lordon, 《자본주의, 욕망 그리고 예속: 마르크스와 스피노자Capitalisme, désir et servitude, Marx et Spinoza》, Paris: La Fabrique, 2010) 혹은 하이데거(장 비울락Jean Vioulac, 《기술의 시대: 마르크스, 하이데거 그리고 형이상학의 완성L'Époque de la technique: Marx, Heidegger et l'accomplissement de la métaphysique》, PUF, 2009)에 준거하는 접근들 또한 동일한 결과에 도달한다는 점을 지적하자. 열광적 반응을 불러일으키기 적절한, 하지만 이론적 절합들(혹은 명확성들)을 은폐함으로써 《자본》에 대한 올바른 활용을 그에 대한 부적절한 활용과 구분하지 못하도록 만들기도 하는, 그렇다고 그 존재 자체가 잘못인 것은 전혀 아닌 거대한 철학적 도식들 속에서 우리는 이론의 화려한 단순화를 더욱 잘 제시하곤 한다.

6. 분석주의

이와는 대조적으로, 영미 분석철학은 공통의 인식론적 참조점을 구성한다. 이 영미 분석철학이라는 영역에서 '분석 마르크스주의' 학파를 중심으로 형성된 해당 공동체 내 철학자들(게리 코헨Gerry Cohen, 존 엘스터John Elster 등)은 〔다른 철학들이 아닌 바로〕 그 영미 분석철학 자체〔만〕를 위해 실천하고 있다. 분명 이 저자들, 예를 들어 노동-가치를 연구하는 존 로머John Roemer와 계급지배의 다양한 양식들을 연구하는 에릭 올린 라이트Erik Olin Wright 등에게서 우리는 명료함의 교훈(이 명료함으로 인해 가능해진 〔높은〕 생산성과 함께)을 얻을 수 있다. 이 후기에서 우리가 이 모든 지점들을 다룰 수는 없다. 나는 이러한 '분석적' 방향 설정이 경제적인 것과 정치적인 것이라는 두 항 사이의 **상호 개입**interférence을 포착하기보다는 이 두 항을 **구분**하는 경향prédispose을 지니고 있다는 관념만을 고려해보고자 한다. 따라서 가장 놀라운〔그럴듯하지 않은〕 주장은 이 분석 마르크스주의로부터 (이 학파가 표방하는 공식적 명칭을 따르자면) '정치적 마르크스주의'가 형성될 수 있다는 주장이다. 분명 이 학파의 구성원들은 계급투쟁의 정치적 차원을 강조한다. 하지만 이들은 이 계급투쟁을 경제적 관계에 외재적 방식으로만(그러니까 이 경제적 관계의 정치성politicité은 나타나지 않는 방식으로) 연결지을 뿐이다. 정치적 대립affrontement은 힘 관계와 의미 관계로

동시에 나타나는 것이 아니라 그저 힘 관계로만 나타나는 경향을 지닌다. 우리는 이에 따라 로버트 브레너Robert Brenner가 현대 세계를 17세기 영국 농업자본주의의 발생으로부터 사고하는 것을 보게 된다. 엘런 메익신스 우드Ellen Meiksins Wood 또한 이러한 브레너의 주장에 찬동한다.✦ 그러나 그는 전前자본주의적 프랑스에서, 특히 백과전서파와 그들 백과전서파를 에워싸고 있는 지식인 집단들에서 유럽의 자유주의적 근대성이 강력하고 비가역적인 방식으로 지적으로 확립된다고 강조한다.✦✦ 이는 푸코가 '행정국가'État administré로 정의했던 바, 즉 시장사회보다는 조직사회를 의미한다. 분석주의자들이 지니게 되는 난점은 〔시장과 조직이라는〕 이 두 '극들' 사이에 관계를 설정하는 것, 즉 근대의 정치적인 것이 뿌리내리는 지점을 찾아내는 일이다. 아래로부터의 근대 계급투쟁은 이 두 가지 계급 **요인들**facteurs de classe—이 두 가지 계급 요인들 사이의 교차점에서 우리의 공통의 사회적 이성notre raison sociale commune이 지닌 두 측면들에 대한 도구화instrumentalisation를 통해 근대 계급**관계**rapport moderne de classe가 정의된다—을 대표하는 두 가지 사회세력들을 대립시킨다. 바로 이 기축점point pivot을 차지함으로써만 계몽된 세력force éclairée으로서의 인민이 확립될 수 있었다. 이러한 의미에서 나는 '도시 봉건제'로 간주하는 13세기 이탈리아 코무네

✦ 엘런 메익신스 우드, 《자본주의의 기원: 더 긴 시간의 관점으로 바라보기The Origine of capitalism: A Longer View》, Verso, 2002 참조.

✦✦ 엘런 메익신스 우드, 〈자본주의인가 계몽인가Capitalism or Enlightenment?〉, 《정치적 사유의 역사History of Political Thought》, 3권, 2000년 가을.

commune italienne에 대한 우드의 분석에 반대해 나의 주장을 개진했던 것이었다.◆ 오히려 나는 도시-국가État-cité라는 의미에서 **경제적** 형태의 출현, 즉 (역사적으로 전례가 없는) 시장과 조직 사이의 절합으로서의 아르티Arti〔베네치아의 길드 연합〕의 출현과 근대의 모든 공화주의적 제도들(입법, 사법, 행정 등등)이 발명되는 **정치적** 형태의 출현 사이의 관계에서부터 출발해 이 이탈리아 코무네에서 서구 근대성의 정초적 사건을 보았다. 그러니까 나는 우드와는 달리 여기에서 '봉건제'와는 정반대되는 것을 본 것이다. 따라서 볼로냐 공동체가 1250년의 반反봉건적 투쟁의 정점에서 루소보다도 다섯 세기나 앞서 다음처럼 선언할 수 있었다는 점에 놀랄 필요는 없다. "인간은 자유롭게 태어났다. 하지만 인간은 〔이와 동시에〕 속박되어 있다."◆◆

우리가 이미 보았듯, 경제와 정치 모두에 공통된 개념적 조직tissu 내에서 경제-정치적인 것을 이해하는 마르크스는 이러한 질문들에 다다르는 최상의 접근 방식을 우리에게 제공해준다. 마르크스는 헤겔의 《법철학》이 제시하는 중심 교훈, 즉 지성entendement/Verstand과 이성raison/Vernunft 사이의 공모, 다시 말해 '생명적인 것'bio과 '정치적인 것'politique 사이의 공모를 자신의 것으로 다시 취한다. 왜냐하면 자신의 이해관계를 확립하는

◆ 《세계-국가L'État-monde》(PUF, 2011)의 7장 〈사회-정치적 근대성의 출발: 이탈리아 코무네〉, 188~232쪽을 보라.

◆◆ 《'자유의 천국'과 13세기의 집합적 해방: 100년의 연구(1906~2008)Il "Liber Paradisus" e le liberazioni collettive nel XIII secolo: cento anni di studi(1906-2008)》, 아르만도 안토넬리Armando Antonelli · 마시모 지안장티Massimo Giansante, Venezia: Marsilio, 2008을 보라.

삶vie은 동시에 공통 이성으로 확립되는 정신의 삶이기도 하기 때문이다. 헤겔적 국가는 이 국가에서(즉 자기 자신에게서) 이러한 기획entreprise 내에 존재한다. 나는 바로 이것이 마르크스가 의미하는 바임을 보여주고자 했다. 정치는 제도들과 정당들의 세계보다 더욱 넓고 더욱 심원하다. '경제적' 계급투쟁은 무매개적으로immédiatement 정치적이다. 또한 근대의 '경제' 투쟁에 고유한 **정치성politicité**이 존재한다. 우리가 이 책에서 중심적으로 다룬, 노동의 '법제화'에 관한 《자본》의 장은 근대 경제 투쟁이 자기 자신 안에 담지하고 있는 **정치적 아름다움**을 나타나게 만든다.

7. 아카데미즘

마르크스주의를 표방하는 이들에게서 가장 일반적인 《자본》에 대한 판본(즉 가장 많이 통용되는 《자본》 해석)은 이 많은 결함들로부터—하지만 각기 매우 다양한 수준으로—벗어나고자 한다.[♦♦♦] 이 일반적 판본은 《자본》이라는 텍스트에 대해 행해진 다분과학문적인 성찰을 수용한다. 이 일반적 판본은 더욱 엄밀한 문헌학에 기초해 마르크스의 사상 가장 가까이에 위치하고자 한다. 이 일반적 판본은, 거대한 역사적 유효범위는 물론 지속적인 현재성 또한 지니고 있는 이 저작에 대해

지적으로 책임지는 것으로 자신의 과업을 개념화한다. 이러한 이유들로, 이 일반적 판본은 내가 '공유 마르크스주의'marxisme commun라 부르는 것에 속한다. 마르크스주의자들과 다른 이들에게 이 일반적 판본은 바로 '공유재'bien commun이다. 그렇지만 나는 이를 '아카데믹한 판본'이라고 지시할 것인데, 그 이유는 바로 뒤에서 설명할 것이다.

위에서 우리가 비판했던 편향들 각각에 견주어 이 일반적 판본을 살펴보도록 하자. 하부구조에 대한 분석에서 출발함으로써, 이러한 접근은 원리적으로 '정치주의'로부터 벗어난다. 그러나 이를 제외한다면, 내가 볼 때 이러한 접근이 갖는 결함은 이 접근이 '추상에서 구체로'd'abstrait en concret 나아가는〔즉 상승하는〕 '이론적 설명'exposition théorique을 지배하는 탐구 내에서 충분히 높이 거슬러 올라가지 않는다는 점이다. 이 접

◆◆◆ 우리는 여러 저자들을 언급할 수 있다. 폴 보카라Paul Boccara, 볼프강 하욱Wolfgang Haug, 미하엘 하인리히Michael Heinrich, 데이비드 하비David Harvey, 엔리케 두셀Enrique Dussel과 같이 자신들의《자본》'입문서들'을 통해 알려진 이들을 특히나 대표적인 인물들로 간주할 수 있다. 이러한 점에서 알튀세르는 작업장으로 들어서기 위한 하나의 문턱으로 남아 있다. 알튀세르는《자본》을 '철학적' 저작이 아니라 '과학적' 저작으로, 그러니까 이로부터 우리가 '이론'과 '역사유물론'을 이해할 수 있는 저작으로 읽기를 우리에게 권유한다. 하지만 알튀세르는《자본》의 오류에 대해 연구하고자 하지는 않는다. 만일 알튀세르가 마르크스주의를 심원하게 뒤흔든다면, 이는 뒤에서 내가 언급할 다른 방식들을 통해서이다.《자본》을 대상으로 한 알튀세르의 철학적 작업은 예비적 성격의 또 다른 계획 위에 위치해 있다. 알튀세르는 '과학적' 의심, 그러니까 '과학적' 탐구를 자극한다. 다른 한편으로, 알튀세르는 **이론적** 구축을, 특히 국가장치나 '호명' 등과 같은 자신의 성찰을 통해 다양한 방식으로 이론적 구축을 **추구해**나간다.

근은 '구조'로부터 내가 '메타구조'라 부르는 바까지는 거슬러 올라가지 않는다. 하지만 이 접근은 착취에 대한 하나의 경제학과 지배에 대한 하나의 사회학을 공존케 하는 한에서, '사회학주의'로부터는 벗어난다. 그렇지만 내가 볼 때, 우리는 계급 요인들로 도구화된 시장과 조직이라는 매개들médiations의 이중성이라는 메타구조적 개념에서 출발하는 분석을 다시 취하지 않고서는 적절한 방식으로 이러한 공존에 도달할 수 없다. 이 접근은, 법률-정치적인 것(근대 **임노동제**에 고유한)과 경제적인 것 사이의 관계를 강조하는 한에서, '경제주의'로부터 벗어난다. 그렇지만 식민지적 플랜테이션과 노예화를 통한 근대 **노예제**에서부터 오늘날의 인종주의적 차별에 이르는 바를 근대 임노동제에 적절히 통합하기 위해서는, 이 접근이 '국가-계급적-구조'structure-de-classe-et-d'État와 〔대문자〕 '세계-체계'Système-monde가 개념적으로 절합되는 메타구조적 지점에 이르기까지 사태를 가장 높은 수준으로 사고할 수 있어야 한다. 이 접근은 '비교주의'와 '변증법주의'에서 벗어나는데, 왜냐하면 이 접근은 마르크스가 변증법적 '불장난'coquetterie이라고 이전에 비판했던 바를 경계하기 때문이다. 하지만 그럼에도 우리에게는 하나의 변증법이 요구되는데, 이것이 바로 근대적 계급구조의 '놓아진-선전제'présupposé-posé에 관한 메타구조적 관점이다. 왜냐하면 바로 이 관점에 하나의 변증법적 범주가 존재하기 때문인데, 그러나 이는 '놓아진'posé이 '생산된'produit을 의미하는 역사유물론적 맥락 속에서 스스로의 의미를 취하기 때문이다. 그런데 이 '놓아진-선전제'는 자본주의가 재생산하고 일반화하는 하나의 **시장**-형태이기만 한 것이 아니다. 왜냐하면 이 **시장**-형태는 자신의 타자인 **조직**-형태와의 관계 안이 아니라면 존재하지 않기 때문이다. 마르크스가 경제적 합리성의 두 가지 측면('노동 분할'(즉 분업)의 두 가지 양식)으로 분석했던 이 두 가지 **'매개들'médiations**은 **무매개적** 말parole immédiate, 즉 우리가 보았듯 자신을 들리게 만드는, 그리고 이 두 가지 매개들 사이를 중재한다고 주장하고 이 두 가지 매개들의 권력을 지배régir하는 이러한 '목소리'와 대면하지 않고서는 재생산되지 않는다. 이것이 바로 순수 '자본주의'보다 더욱 넓은 '현대적 사회 형태'forme moderne de société이다. 이 현대사회의 형태는 자기-재생산이 가능한 하나의 **체계**가 아니라 혁명적 과정들에 열려 있는 하나의 **구조**이다. 이 후기에서 마르크스의 이론에 대한 메타구조적 재정초를 다른 것들보다 먼저 설명할 수는 없다. 하지만 우리가 이러한 재정초를 위한 길을 가로막는 지점들을 식별하는 작업 정도는 시작할 수 있을 것이다. 앞으로 보게 되겠지만, 이러한 재정초를 위한 길을 가로막는 지점들 중 핵심은 바로 가치와 잉여-가치 사이의 관계라는 지점이다. 다소 헤겔주의화하는 재해석들과는 달리, '아카데믹한' 판본은 《자본》 1편의 대상인 **가치**의 차원과 (《자본》 2편에서 수행된 비판적 탈구축을 통해) 《자본》

3편에서 도입되는 **잉여-가치**의 차원에 대한 구분을 명확히 정식화한다. 그렇지만 나의 관점에서, 일반적으로 이 '아카데믹한' 판본은 이러한 구분을 부적절한 방식으로 수행한다. 그리고 이러한 흐릿함과 흔들림의 영역은 '전통적'이라고 말해지는 독해들에 영향을 미칠 뿐만 아니라, 프랑크푸르트적 혹은 알튀세르적 재독해들에도 동일한 정도로 영향을 미친다. 이 '아카데믹한' 판본은 몇몇 주요 문제들에 대한 식별을 방해한다. 이 '아카데믹한' 판본은 '마르크스주의'의 경제적이고 정치적인 잠재력을, 그리고 현대성의 역사적 과정들을 해명할 수 있는 이 '마르크스주의'의 능력을 제한하는 **불완전함의 상태**état d'incomplétude에 '마르크스주의'를 가두어놓는다. 그렇다면 이 문제의 핵심은 도대체 무엇인가?

문제의 핵심은 '아카데믹한' 주석이 《자본》을 그 자체로는 아무런 문제가 없는 것으로 간주한다는 점이다(바로 그렇기 때문에 내가 '아카데믹한'이라는 형용사를 사용한 것이다). '아카데믹한' 주석가들은 이 《자본》이라는 저작의 의미와 유효범위를 보여주는 것을 자신들의 과업으로 삼는다. 이 주석가들은 독자들이 자신들의 역사와 현재 속에서 세계를 더욱 잘 이해할 수 있도록, 그리고 독자들이 지적이고 정치적인 운동을 시작할 수 있도록 '《자본》을 읽'는(이는 〔알튀세르가 제시했던〕 유명한 정식이다) 방식을 독자들에게 가르친다. 이 주석가들은 자신들의 통찰sagacité을 날카롭게 하고 자신들의 열정을 자극하기 위한 목적으로 이 위대한 텍스트에 대한 본인들의 경탄에 독자들 또한 동의하기를 요구한다. 하지만 역설적이게도 이를 통해 이 주석가들은 이 위대한 텍스트를 하나의 박물관으로 바꾸어버린다. 나는 이 주석가들과는 반대의 선택을 내렸는데, 이는 '과학들의 역사' 내에서 하나의 이론을 이해하듯《자본》을 이해하겠다는 선택이다. 이 선택에 따라, 연구자들의 즐거움plaisir과 행위자들의 불안inquiétude을 촉발하는 그러한 **진리**를 탐구하고자 하는 공통점을 지니는 이 연구자들과 행위자들 모두의 관심은 나에게는 이제 '오류'를, 혹은 최소한 이 이론의 **한계**를 '발견'하는 것이 된다. 왜냐하면 바로 이 오류 혹은 한계 위에 우리가 더욱 잘 걸어나갈 수 있는 유일한 길이 놓여 있기 때문이다. 최근 데이비드 하비는 바로 이러한 의미에서 '긴장점'point de stress이라는 용어를 사용했다. 정확히 바로 이런 관심이 그 출발점에서부터(그러니까 1970년대부터)《자본》에 대한 나의 연구 전체의 동력이었다. 이러한 태도는 바슐라르의 전통 속에서 (이 태도가 넘어서고자 하는 특징, 즉 이론의 **부분적partiel** 특징이 드러나도록 만듦으로써) 넓게 그리고 더욱 잘 정초되어 더 높은 설명과 이해의 능력을 갖춘 하나의 이론을 구축하고자 하는 욕망에, 그리고 목표와 전략의 정교한 구성을 돕고자 하는 욕망에 자양분을 제공한다. 이러한 선택은 이론의 실체에 대한 더욱 큰 관심을 담지하도록, 그래서 '가로막는 지점들'이 무엇인지 발견해내도록 자극한다. 물론 동시에 이러한 태도는 이미 존재하고 있는 진리의 일부분part 또한 밝혀준다.

결론: 아카데미즘을 넘어 메타구조적 재정초를 향하여

따라서 가치의 차원과 잉여-가치의 차원 사이의 관계를 대상으로 하는, 그리고 **어찌 되었든**by the way 하비를 긴장하게 하지는 않았던 것으로 보이는(하비 또한 이 지점에서는 '전통적' 입장을 취하고 있다) 이 첫 번째 '긴장점'에 대해 검토해보도록 하자. 가치와 잉여-가치 사이의 혼동은 《자본》에 대한 교과서적〔변증법주의적〕pédagogiques '입문서들'에서 특히나 명확히 나타난다. 이 입문서들은 《자본》 1권의 1편에서 3편으로의 이동이 우리가 '유통'의 수준에서 '생산'의 수준으로 나아간다는 점을 의미한다고 간주한다. 마르크스가, 만일 우리가 임노동제를 하나의 교환 관계('유통' 관계)로 간주한다면, 그러니까 만일 우리가 생산물들의 사회화가 교환의 영역에 속하는 것으로 보이는 1편의 수준에 머무른다면, 잉여가치를 결코 이해할 수 없다고 설명하는 것은 사실이다. 하지만 이러한 언급을 하면서도 마르크스는 사물들의 **표면surface** des choses으로서의, 우리의 지각perception에 **무매개적으로** 주어진 것으로서의, 이렇게 주어짐으로써 교육적인pédagogique 혹은 변증법적인 좋은 출발점을 구성할, 그런 상품 **유통**으로부터 출발하지는 않는다. 마르크스는 상품**생산**—사실 마르크스는 이 상품생산을 통해 우리가 〔더 정확히는〕 상품 유통-생산production-circulation marchande이라 불러야 할 바에 대한 자신의 설명을 시작한다—에 내재적인 **상품 유통**을 분석한다.✦ 그러므로 사실 《자본》 1권 1편은 '유통' **대** '생산'이라는 대립이 아니라 **상품생산의 논리**〔즉 L2〕 대 **자본주의적 상품생산의 논리**〔즉 L3〕 사이의 대립을 대상으로 취하는 것이다. 이 1편에서 마르크스는 시장을 자본주의의 (역사적이 아닌) 논리적인 선전제présupposé로 분석한다. 마르크스는 이 시장을 자본주의가 계급 요인으로 도구화할 합리적인 사회적 형태로 해독하는 것이다. 자본의 비합리성은 시장이 그 자체로 하나의 합리적 형태가 되는 것을 방해하지 않는다.

이 지점에서 우리는 알튀세르에게서 영감을 얻은 접근이 도대체 어떤 지점에서 '변증법적' 접근과 다른지 확인하게 된다. 개념들은, 운동 중인 모순들에 의해 만들어진다는 의미에서 '변증법적'이라고 말할 수 있는 그러한 현실적 현상들에

✦ 나는 이러한 관념을 《《자본》으로 무엇을 할 것인가?》에서 도입했으며, 《일반이론》에서 발전시켰다. 그러나 이러한 관념은 그 당시에는 어떠한 반향도 일으키지 못했다. 아마도 나는 내 이런 관념을 더 젊은 세대의 프랑스 주석가들과 내 글의 독자들에게서 재발견할 수 있을 것 같다…… 바로 추상에서 구체로의 분석에 대한 알튀세르의 집요한 강조가 나로 하여금 이러한 방향으로 나아가도록 해주었다. 그렇지만 사실은, 알튀세르 자신이 최소한 이 후기에서 우리가 서 있는 지형 위에서만큼은 이를 〔강조만을 한 채〕 '직접 연구하'지는 않았음을 인정해야 한다. 이러한 관점에서 알튀세르는 사실 내가 이 후기에서 부여하는 의미에서의 어떠한 '아카데미즘'에 머물러 있었다.

대한 개념들이다. 그러나 이 개념들은 그 자체로 변증법적이지 않으며, 게다가 스피노자식으로 말하자면, 설탕이라는 개념은 달지 않다. 이 개념들은 절대로 '지양'dépassés, 즉 'aufgehoben'되지 않으며, 설명의 전개 속에서 그 고유의 질을 전혀 상실하지 않는다. 알튀세르가 말하듯, 우리는 이 개념들의 지양을 실행하는 것이 아니라 이 개념들 이후의 '규정'détermination을 실행하는 것이다. 바로 이 지점에, 경험적 사물들의 구체성이 아니라 '사고-구체'concret-de-pensée에 도달하는 '추상에서 구체로의 상승'progression d'abstrait en concret이 놓여 있다. 그리고 바로 이 '추상에서 구체'〔로의 상승〕를 통해 구축된 이러한 복잡한 개념성이 현실적 구체성을 설명·이해하도록 우리를 도와야 하는 것이다. 이러한 상승progression에서 마르크스가 **시장**을 노동의 시장이 아니라 **노동력 시장**으로 '규정'하게 되었을 때, 그는 우리로 하여금 고유하게 자본주의적인 생산 과정을 이해할 수 있게 해준다. 그렇지만 마르크스는 시장 그 자체의 합리성에서 그 무엇도 제거하지 않는다. 경제학자들은 시장이 하나의 '제한된 합리성'을 제시한다고 강조했다. 물론 그렇다. 하지만 자본주의적 시장에서의 노동력 착취에서 핵심은 그것이 아니다. 핵심은 시장이 계급 요인으로 도구화된다는 점이며, 이 도구화는 바로 상품적 생산 논리가 소유하는 내적 합리성이라는 사실을 통해서만 '기능 작용'fonctionne한다. 간단히 말해, 시장은 그 자체로 하나의 합리적 형태로 남아 있는 것이다. 그리고 이로부터 우리는 노동자들이 시장을 폐지함으로써 어떠한 이점을 얻는 것은 아니라는 결론을 도출할 수 있다……

물론 시장이 그 자체로 완전히 파괴적이지는 않고, 이 시장을 대체할 능력이 있는 대안적인 사회적 조정coordination의 형태가 존재하지 않는다는 조건에서 말이다. 그런데 바로 이 지점에서 마르크스의 가설이 시장의 자리를 점하기 위해 조직, 즉 'die Organisation'을 전면에 내세운다. 우리가 이미 알다시피, 문제는 이러한 해결책이 그 자체로 만족스럽지 않다는 점인데, 왜냐하면 이 해결책은 〔부르주아지와 마찬가지로〕 착취적이며 파괴적인 하나의 새로운 지배계급을 촉발하기 때문이다. '조직'이 시장과 마찬가지로 하나의 합리적 형태라는 사실에도 불구하고 말이다. 이러한 사실 확인/주장constatation은 우리의 분석에서 더욱 높은 곳으로 거슬러 올라가야 할 필요성을, 그러니까 불충분하게 '추상적'인 마르크스적 출발점을 다시 문제 삼아야 할 필요성을 표현한다. 바로 이 지점에 마르크스의 설명의 '불완전함'incomplétude이 존재한다. 우리는 이 마르크스의 '불완전함'을 이론적 여정récit을 지속함으로써가 아니라 그 시작점commencement을 교정함으로써 채워나간다.

마르크스는, 이러한 고찰을 자신의 이론적 기획의 중심에 놓을 정도로까지, 시장과 조직이 사회적 차원에서의 조정이 갖는 두 가지 합리적 형태들이라는 점을 최초로 이해했던 이였다. 그러나 마르크스의 오류는 이 첫 번째 항, 즉 시장을 출발점

point de départ으로 간주하고, 이 두 번째 항, 즉 조직을 도착점point d'arrivée으로 간주한 것이다. 이는 마르크스의 역사주의인데, 그가 자본주의적 시장으로부터 사회주의적 조직으로 나아가기 때문이다. 포스트-마르크스주의적인 것이 아니라 메타-마르크스주의적인 우리의 분석에 따르면, 내가 제안하는 바의 핵심은 바로 시장-조직이라는 쌍이 인식론적으로 정당한 출발점을 구성한다는 것이다. 그리고 그 어떠한 이후의 '규정'도 이 쌍을 '폐지'하는 것을 가능케 하지 않는다. 바로 이 지점에 무매개적인 언어적 협업coopération을 넘어서는 우리의 공통의 사회적 이성notre raison sociale commune의 두 가지 원초적 형태가 존재한다. 이 두 가지 형태(즉 시장과 조직)는 현대적 계급**관계** 내에 중첩된 계급 **요인들**로 변형된다. 인간적 해방은 인간들이 이 두 가지 계급 **요인들**을 '폐지'함을 함의하지 않는다. 인간적 해방은 인간들이 이 두 가지 계급 요인들을 **장악/통제maîtrisent**함을 전제한다. 즉 인간들이 이 두 가지 계급 요인들을 그 공통 권력에 종속시킴으로써 이 두 가지 계급 요인들을 계급 요인으로서는 폐지하는 것을 뜻한다. 그리고 이러한 **합리적-경제적** 장악/통제는 이 두 가지 계급 요인들(즉 시장과 조직)의 이성적-정치적 상관물corrélat을 장악/통제함으로써만, 다시 말해 각자 사이의 계약성과 모두 사이의 계약성 사이의 관계에 대한 민주주의적 정교화élaboration(라는 작업)를 행함으로써만 실현될 수 있다.♦ 따라서 우리는 '태초에 말이 있었다'Au commencement est la parole

라는 원초적 공리를 고려해야 한다. 하지만 계급권력에 의해 지배되는 이 현실의 세계ici-bas에서, 단순히 이는 하나의 이상적인 계약론적 '제도'일 수는 없다. 우리가 (보편선거권에 따라 모두에게 동일하게 공유되는) 말에 의해 지배될 것이라고, 민주주의적 제도들을 통해 우리가 시장에 부여하는 바와 우리가 공통의 조직에게 요구하는 바를 규정할 것이라고 구성적으로/제헌적으로constitutionnellement 선언하는 것만으로는 충분하지 않을 것이다. 생산자-시민은 조직을 통해 시장을 장악/통제하는 데에, 그리고 조직을 모두가 공유하는 평등한 민주주의적 담론을 통해 장악/통제하는 데에 이르러야 한다. 이것이 바로, 조직의 힘을 통해 시장의 소유자적 힘, 그러니까 '자본'의 힘을 무력화하는 것을 목표로 하는 계급투쟁의 쟁점이다. 또한 이는 바로 〔자본의 힘들의 무력화 이후의〕 조직을 지배하는 힘들의 무력화 또한 상관적으로 전제한다. 이 힘을 '역량'compétence의 힘이라고 부른다면, 달리 말해 우리는, 사회적 전유가 지배할 수 있는 그러한 방식으로 역량적 권위autorité compétente를 전유함을 전제하는 것이다. 이는 바로 해방을 목표로 하는 하나의 계급투쟁을 위한 프로그램이다.

이 지점에서 출발해 거대하고 모호한 우리의 이론적이

◆ '각자 사이의 계약성'은 contractualité entre chacun을, '모두 사이의 계약성'은 contractualité entre tous를 옮긴 것이다. 사회계약론의 맥락에서는 '각자'나 '모두'라는 표현 대신 '개인'이라는 표현을 활용하는 것이 더 적절하겠지만, 비데의 메타구조론에서 핵심적인 이 용어들이 기존 사회계약론의 맥락과는 다른 맥락에 놓여 있고 비데가 엄연히 chacun과 tous라는 어휘를 사용한다는 점을 고려하여, 한국어 표현이 다소 어색하더라도 이렇게 옮겼다.-옮긴이

고 실천적인 작업장들이 열리게 된다. 노동일의 법제화를 위한 전투는 근대적 계급권력을 무찌르기 위한 하나의 혁명적 과정의 본질적 첫걸음을 표상한다. 노동일의 법제화를 위한 전투는 인간성humanité이라는 교훈을, 자유롭고 평등하며 합리적인 존재들로 이루어진 하나의 공동체가 어렴풋이 보이도록 만들기 위해 (그저 잠깐 지나가는 손님에 불과한 우리가 지금 살아가고 있는 이 지구 위에서) 우리가 따라가야 할 길이 취하는 관념을 제시해준다.

마르크스를 위하여 푸코를 읽자

> 그렇게 모든 텍스트는 항상 개방성과 가능성에 열려 있습니다. 다시 읽어보면 내가 그전까지 알던 것과 전혀 다른 것을 똑같은 텍스트에서 발견할 수 있어요. 텍스트는 살아서 움직입니다. 그러니까 헤겔식의 자기운동을 하는 개념을 모든 텍스트에 적용해볼 수 있어요. 그 개념을 분열시키고 흔들면 텍스트가 갑자기 살아서 움직임을 느낄 수 있어요. 텍스트의 폭발적 힘이 자신의 사유의 희열, 사유의 기쁨과 만나면 그때 지식이 탄생한다고 말할 수 있습니다.
>
> —백승욱, 《생각하는 마르크스》(북콤마, 2017)

이 책은 자크 비데가 프랑스 공산당 소속 출판사인 에디시옹 소시알Éditions sociales에서 2016년 출간한 《마르크스와 노동법: 《자본》의 생명정치적 신체Marx et la Loi travail: Le corps biopolitique du *Capital*》를 번역한 것이다. 하지만 비데의 제안에 따라 옮긴이가 번역 대본으로 삼은 것은 비데가 이 책의 출간 이후 한국어판을 위해 상당히 수정을 가해 만든 원고인 "《자본》의 생명정치적 신체: 노동-가치에서 노동-법으로"Le Corps biopolitique du *Capital*: De la valeur-travail à la loi-travail이다. 2016년 출간된 원서와 이 한국어판이 책의 제목이나 구성 면에서 다소 차이가 있는 것은 이 때문이다. 또한 옮긴이는 비데와 논의한 끝에 한국어판의 제목을 "마르크스의 생명정치학"으로 조정했는데, 사실 이 제목은 비데가 2016년 프랑스에서 이 책을 처음 출간할 당시 붙이려 했던 제목이다.

미셸 푸코는 프랑스에서 2015년 출간된 《형벌 이론과 제도Théories et institutions pénales》 강의록(1971~1972)과 2013년 출간된 《처벌 사회La Société punitive》 강의록(1972~1973)에서 마르크스주의를 자신의 직접적인 성찰 대상으로 삼는다.[1] 하지만 이 두 강의는 프랑스에서도 최근에서야 출간이 되었기 때문에, 스테판 르그랑Stéphane Legrand이 비데가 편집위원장으로 있었던 학술지 《마르크스의 현재성Actuel Marx》에 기고한 논문(2004년 36호) 〈미셸 푸코의 잊혀진 마르크스주의Le Marxisme oublié de Foucault〉가 발표되기 이전까지는 프랑스에서조차 제대로 논의되지 못했다. 비데는 에티엔 발리바르가 〈푸코와 마르크스: 유명론이라는 쟁점〉[2]에서 포문을 연, 그리고 르그랑이 그 바통을 이어받은 '푸코와 마르크스의 관계'라는 주제에 오랜 시간 천착해 《마

1 미셸 푸코Michel Foucault, 《형벌 이론과 제도: 콜레주 드 프랑스 강의Théories et institutions pénales: Cours au Collège de France》, Paris: Le Seuil, 2015; 《처벌 사회: 콜레주 드 프랑스 강의La Société punitive: Cours au Collège de France》, Le Seuil, 2013.

르크스와 함께 푸코를Foucault avec Marx》(2014)이라는 저서를 출간한다. 옮긴이가 머지 않아 번역 출간할, 그리고 영어로도 번역된 이 저서에서 비데는 아직 "형벌 이론과 제도" 강의가 책으로 출간되기 전에 이미 푸코와 마르크스의 관계를 매우 체계적으로 재구성한다. 그리고 2015년 프랑스에서 《형벌 이론과 제도》가 공식적으로 출간된 뒤 이를 기념하기 위해 열린 컨퍼런스[3]에서 비데는 《마르크스와 함께 푸코를》의 핵심을 요약하는 논문 〈마르크스와 함께 푸코를: 자본-권력과 지식-권력Foucault avec Marx: pouvoir-capital et pouvoir-savoir〉[4]을 발표하고, 2016년에는 《마르크스와 함께 푸코를》의 핵심을 그 당시 프랑스에서 전개되었던 노동법을 둘러싼 투쟁이라는 정세에 구체적으로 적용해 이 책 《마르크스의 생명정치학》(프랑스 출간 당시 《마르크스와 노동법》)을 집필한다.

유일하게 신체에 행사되는 권력으로서의 규율권력, 더 나아가 이러한 신체들의 집합인 인구에 실행되는 권력으로서의 생명권력에 대한 사고가 마르크스의 《자본》 1권, 그중에서도 특히 '노동일'과 관련된 장들에서도 전개되고 있다는 점은 역설적이게도 마르크스주의에 매우 비판적이었던 푸코가 1973년의 강연 "진실과 법률적 형태들"La Vérité et les formes juridiques[5]에서

---

2 에티엔 발리바르, 《대중들의 공포》, 서관모·최원 옮김, 도서출판b, 2007, 341~367쪽.

3 이 컨퍼런스의 발제문들은 《마르크스와 푸코: 독해, 활용, 맞세움Marx & Foucault. Lectures, usages, confrontations》(Paris: La Découverte, 2015)이라는 책으로 출간되어 있다.

4 웹진 인무브(https://en-movement.net/290?category=741330) 참고.

제시했던 테제이다. 마르크스는 공장의 전제정이 노동자들의 신체에 행사하는 폭력을 제한하는 것이 바로 노동일 혹은 노동시간을 제한하는 노동법이라는 점에 주목한다. 마르크스주의에 대한 범박한 해석들이 주장하는 바와는 달리, 마르크스주의가 (법으로 대표되는) 정치와 경제 사이의, 그러니까 상부구조와 하부구조 사이의 단순한 이분법을 허용하지 않음을 확인할 수 있는 지점이다. 이로부터 우리는 마르크스의 사상과 푸코의 사상을 단순하게 대립시킬 수 없으며, 이 두 사상 사이에는 일종의 '선택적 친화성'이 존재한다는 테제를 주장할 수 있게 된다.[6]

발리바르의 〈푸코와 마르크스: 유명론이라는 쟁점〉에 따르면, 푸코와 마르크스는 모두 '권력에 대한 유명론'을 그 자신의 인식론적 전제로 삼는다. 푸코는 '신체의 유명론'을, 마르크스는 '사회적 관계의 유명론'을 제출한다는 점에서 차이가 있지만, 이 둘 모두 각자의 방식으로 역사유물론을 전개한다는 것이다. 발리바르는 이러한 테제에 기초하여 마르크스에 대한 자신의 이후 작업들에서 푸코를 끊임없이 소환하는데, 이는 변혁의 사상가로 푸코와 마르크스를 함께 활용하는 《대중들의 공포》 서문 〈정치의 세 개념: 해방, 변혁, 시민다움〉에서 선명

---

5 이 강연은 《말과 글Dits et écrits》이라는 푸코 선집에 수록되었고, 국내에는 아직 소개되지 않았다. 미셸 푸코, 《말과 글 : 2권(1976~1988)Dits et écrits: tome 2(1976-1988)》, Paris: Gallimard, 2001, n.139.

6 학술지 《마르크스의 현재성Actuel Marx》의 2017년 61호에 실린 〈호명된 주체: 알튀세르와 버틀러를 넘어서Le Sujet interpellé: Au-delà d'Althusser et de Butler〉에서 비데는 알튀세르의 호명이론과 하버마스의 의사소통 행위이론을 결합해 메타구조론적 관점에서 '법'을 사유한다.

히 드러난다. 이후 발리바르는《형벌 이론과 제도》의 부록으로 수록되는《형벌 이론과 제도》의 편집자 버나드 하코트에게 보내는 편지[7](2014년 12월 4일)에서 푸코와 마르크스의 관계에 대해 간략한 단상들을 제시한다. 나아가 〈미셸 푸코의 반-마르크스L'Anti-Marx de Michel Foucault〉라는 논문[8]에서는 이 편지를 골자로 해서 푸코와 마르크스의 관계에 대한 철학적 논의를 심도 깊게 전개한다.

비데의 이 책이나《마르크스와 함께 푸코를》모두 비데 자신이 말하듯, 발리바르의 이러한 성찰들과 나란히 놓이는 텍스트이다. 옮긴이가 발리바르의 글들과 함께 비데의 이 두 저서를 번역하게 된 배경에는 발리바르와 비데 사이의 이러한 친화성이 자리하고 있다. 하지만 안타깝게도 한국에서는 진태원의 글 〈마르크스와 알튀세르 사이의 푸코〉[9]를 제외한다면 이 주제에 대한 논의가 거의 이루어지지 않았다.

비데의 박사학위 논문 〈《자본》으로 무엇을 할 것인가?Que faire du *Capital*?〉(PUF, 2000)가 1995년 한국에 번역된 이후,[10] 제라르 뒤메닐과 함께 쓴《대안마르크스주의》[11]를 포함한 몇몇

---

7 웹진 인무브(https://en-movement.net/82?category=737582).

8 이 논문은 앞서 언급한 2015년 프랑스에서 '형벌 이론과 제도' 강의가 공식적으로 출간된 뒤 이를 기념하기 위해 열린 컨퍼런스에서 발표되었으며, 옮긴이의 번역을 웹진 인무브(https://en-movement.net/226?category=741330)에서 읽을 수 있다.

9 이 글을 통해 푸코와 마르크스의 관계와 관련해 프랑스에서 진행 중인 논의의 개요를 파악할 수 있다. 진태원의 책《애도의 애도를 위하여: 비판 없는 시대의 철학》(그린비, 2019) 8장(349~392쪽)에서 이 글을 읽을 수 있다.

10 자크 비데,《자본의 경제학, 철학, 이데올로기》, 박창렬·김석진 옮김, 새날, 1995(현재 절판).

논문과 인터뷰를 제외한다면 비데의 작업은 한국에 전혀 소개되지 않았다. 게다가 이 저작들만으로는 비데 작업의 핵심이라 할 수 있는, 그 독특하면서도 정치한 마르크스 해석이 구성하는 '메타/구조적 접근'을 체계적으로 파악하기 매우 어렵다. 영어권에서도 사정은 동일한데, 발리바르와 달리 비데는 영어권에서 적극적으로 수용되지 않았기 때문에, 영문판(《마르크스와 함께 푸코를》)만 읽고서는 비데가 자신의 논의 전체의 전제로 삼고 있는 '메타/구조적 접근'을 제대로 이해하기 어렵다. 발리바르가 데리다를 추수하면서 사상적 체계화를 거부하는 것과 달리, 비데는 자신의 사상을 '메타/구조적 접근'이라는 전제 위에서 일관된 하나의 전체로 끊임없이 구축하고 확장해나가기 때문이다. 비데에게 푸코는 이러한 확장을 위한 가장 중요한 이론적 자원이다.

이 한국어판과 (곧 출간될) 《마르크스와 함께 푸코를》 한국어판(생각의힘, 2021) 역시 동일한 한계 속에 있다. '푸코와 마르크스의 관계'라는 문제에 천착하는 이 두 저서 모두에서 비데가 전제하고 있는 것 또한 '메타/구조적 접근'이며, 바로 여기에서 수많은 개념들이 도출된다. 본문에서 이 개념들에 가능한 한 원어를 표기하려 했지만, 상세한 설명까지 제시하지는 못했다. 노동법을 둘러싼 투쟁이라는 프랑스의 '구체적 정세'에 '이론적으로 개입'하기 위해 비데가 푸코와 마르크스의 관계에 대해 지금까지 자신이 발전시킨 테제를 적용시켜 빠르게

11 김덕민 옮김, 그린비, 2014.

써내려간 이 '에세이'의 특성상, 비데의 '메타/구조적 접근'에 관해 여기에서 '해설'하는 것은 적절치 않다고 판단했기 때문이다. 이런 부족함은 추후《마르크스와 함께 푸코를》의 번역과 함께 비데의 작업을 계속 소개하면서 채워나갈 수밖에 없을 것 같다.[12]

그럼에도 한 가지 독자들에게 강조하고 싶은 것은, 비데가 박사학위 논문 〈《자본》으로 무엇을 할 것인가?〉에서부터 지속적으로 발전시켜온 '메타/구조적 접근'이 마르크스의 정치경제학 비판에 대한 정교하면서도 독창적인 독해로부터 도출되며, 발리바르 또한 비데의 작업을 마르크스의 정치경제학 비판에 대한 탁월한 독해로 인정[13]하고 있다는 점이다. 말하자면, 비데의 '메타/구조적 접근'은 그가 현대 프랑스 사상가들 중 한 명으로서 독창적인 작업을 이어간다는 점뿐만 아니라, 이미 (모이쉬 포스톤이나 미하엘 하인리히 등과 나란히) 현대의 빼어난 마르크스 주석가들의 반열에 올라 있다는 점에서도 소개할 가치가 있다.[14]

옮긴이가 지속적으로 소개해오고 있듯, 발리바르는 마

---

12 메타구조적 접근에 대한 비데 자신의 최상의 설명은 그의 표현을 빌리자면 자신의 "지적 유언장"이라고 할 수 있는 다음의 논문에서 찾을 수 있다. 〈'메타구조'란 무엇인가?Comment l'approche métastructurelle transforme radicalement le marxisme commun?〉(《마르크스의 현재성》 67호) 논문은《마르크스와 함께 푸코를》(근간, 생각의힘, 2021)의 부록으로 수록될 예정이다.

13 이는 발리바르의 논문 〈공산주의에 관한 몇 가지 시의적 언급〉의 한 단락에서 잘 드러난다. 이 글을 옮긴이의 번역으로 웹진 인무브(https://en-movement.net/105?category=733236)에서 읽을 수 있다.

르크스주의와 포스트-구조주의를 자유롭게 넘나들면서 포스트-마르크스주의를 구성하고 있다. 비데는 미셸 푸코 뿐만 아니라 피에르 부르디외, 위르겐 하버마스, 존 롤스의 이론적 자원 또한 흡수한다. 그러면서도 발리바르의 그것보다 훨씬 더 마르크스주의에 '충실'한 판본의 포스트-마르크스주의를 구성하고 있다. 무엇이 더 나은 것인지에 대한 가치 판단을 제외한다면, 발리바르의 작업이 마르크스주의에서 너무 멀어지는 것은 아닐까 하는 의구심을 품었던 독자들의 경우, 마르크스의 정치경제학 비판에 대한 독창적이면서도 동시에 매우 완고한 독해를 고집하는 비데의 작업을 '사고'를 위한 '도구상자'로 삼을 수 있을 것이라고 확신한다.

이 책의 번역 출간을 위해 기존의 2016년의 출간본을 정성스럽게 수정해주시고 한국어판만을 위한 상세한 후기를 집필해주신 자크 비데 씨에게 감사드린다.

2020년 3월 파리에서 배세진

---

14 하지만 역시 앞서 지적한 이유로 옮긴이는 비데의 《자본》 해석을 반영하는 옮긴이 주를 추가하지 않았는데, 본문에 등장하는 '노동 강도', '노동 숙련도', '노동 능숙성' 쌍이나 '추상화의 세 가지 수준' 등에 대한 비데의 독창적인 논의에 대한 해설은 앞으로 옮긴이가 재번역해 소개할 《《자본》으로 무엇을 할 것인가?》와 《《자본》에 대한 설명과 재구성》을 통해서 이루어질 것이다. 하지만 독자들은 옮긴이가 비데의 《자본》 해석의 핵심을 소개하기 위해 번역한 〈지금까지 철학자들은 《자본》을 다양한 방식으로 해석해오기만 했다. 하지만 왜 이러한 해석에 그치지 않고 《자본》을 변형하기도 해야만 하는가. 그리고 어떻게 변형할 것인가〉(웹진 인무브 https://en-movement.net/287 참고)를 통해 이 두 저서의 중심 테제를 확인할 수 있다.

마르크스의 생명정치학

초판 1쇄 펴낸날 2020년 8월 31일
지은이 자크 비데
옮긴이 배세진
펴낸이 박재영
편집 이정신·임세현·한의영
마케팅 김민수
디자인 조하늘
제작 제이오
펴낸곳 도서출판 오월의봄
주소 경기도 파주시 회동길 363-15 201호
등록 제406-2010-000111호
전화 070-7704-2131
팩스 0505-300-0518
이메일 maybook05@naver.com
트위터 @oohbom
블로그 blog.naver.com/maybook05
페이스북 facebook.com/maybook05
인스타그램 instagram.com/maybooks_05

ISBN 979-11-90422-39-0 03100

이 도서의 국립중앙도서관 출판시도서목록(CIP)은 e-CIP홈페이지(http://nl.go.kr/ecip)와
국가자료공동목록시스템(http://www.nl.go.kr/kolisnet)에서 이용하실 수 있습니다.
(CIP 제어번호 : CIP2020027818)

책값은 뒤표지에 있습니다. 잘못된 책은 바꾸어 드립니다.

만든 사람들
책임편집 임세현
디자인 조하늘